LA FIN DE L'EAU ?

Du même auteur :

Facing the challenges of water governance (avec Stéphane Saussier), Palgrave Macmillan, 2019.

Simon Porcher

La fin de l'eau ?

Fayard

Ouvrage édité sous la direction de Thomas Porcher

ISBN : 978-2-213-72718-9

Dépôt légal : mars 2024

À ma femme Lorena

« L'eau est le miroir de notre avenir. »
Gaston Bachelard,
L'eau et les rêves (1942).

« La concurrence féroce que se livrent les pays pour les ressources en eau fait craindre que cet enjeu renferme les germes de conflits violents. »
Kofi Annan,
Communiqué avant le sommet de Johannesburg (2002).

« Il faut choisir entre le champagne pour quelques-uns et l'eau potable pour tous. »
Thomas Sankara.

« Les sociétés les plus avancées et les plus créatives peuvent aussi s'effondrer. »
Jared Diamond, *Effondrement* (2006).

Avant-propos

En 2009, lorsque j'ai débuté ma thèse sur la gestion et la tarification de l'eau potable en France, le sujet n'intéressait pas grand monde. Les problèmes d'accès à l'eau potable et les sécheresses concernaient surtout des pays en développement, et les questions de tarification environnementale et sociale n'étaient pas vraiment discutées en France. L'eau était abondante et abordable, et sa qualité, du moins ce que l'on mesurait, s'améliorait sous l'impulsion des directives européennes. Aujourd'hui, la France fait face à des sécheresses et à des inondations récurrentes, et la qualité de l'eau pose question.

Pendant ma thèse, lors de déplacements partout en France et dans le monde, j'ai rencontré une galaxie d'acteurs impliqués dans l'eau avec lesquels j'ai pu échanger sur les multiples facettes de l'eau : élus locaux et nationaux, dirigeants et salariés d'entreprises de l'eau, régulateurs, membres d'organisations non gouvernementales et d'associations, représentants de fédérations professionnelles et de communautés locales, chercheurs, usagers, ou encore citoyens intéressés. Au fil des réunions, des conférences, des séminaires et des visites dans les centres de recherche, j'ai eu la chance de rencontrer des personnes engagées, qui s'opposent souvent mais continuent à se parler et se respectent. Malgré les oppositions idéologiques entre ces acteurs, les ego de chacun, les erreurs d'interprétation qu'ils peuvent faire, l'eau est si essentielle que c'est toujours l'intérêt général qui l'emporte : faire en sorte que l'eau soit disponible en quantité et en qualité suffisantes. Je tiens à remercier ces différents acteurs de l'eau, qui ont nourri ma réflexion, et qui m'ont souvent donné accès à des données précieuses.

L'accueil qui m'a été réservé par la communauté académique internationale a été extrêmement chaleureux. Aux États-Unis, un pays dont l'Ouest est frappé par la sécheresse, j'ai reçu le prix de la meilleure thèse de l'Academy of Management, la principale association savante en sciences de gestion. Je suis ensuite parti travailler à l'Institut universitaire européen de Florence et à la London School of Economics pour donner une perspective européenne à mes travaux. Puis j'ai été professeur invité à l'Institut sur l'eau de l'université nationale de Singapour et à l'Université polytechnique Mohamed-VI au Maroc où je me suis intéressé aux spécificités asiatiques et africaines. Dans ces différentes institutions, mais aussi en France, à la Sorbonne et à Assas, j'ai pu enseigner la gestion de l'eau à des étudiants brillants, parfois spécialistes, qui m'ont aussi permis de réfléchir davantage aux questions relatives à l'eau, en élargissant les perspectives de mes recherches.

Enfin, les réflexions qui vont suivre sont largement le résultat d'un travail d'équipe : avec Stéphane Saussier, mon ancien directeur de thèse, nous avons travaillé, souvent en parallèle, sur les questions relatives à l'eau, et nous en avons tiré un ouvrage collectif sur les questions de gouvernance économique de l'eau partout dans le monde. Mes réflexions sur l'eau ont largement été alimentées par mes travaux avec d'autres collègues : Alexandre Mayol, Marion Chabrost, Eshien Chong, Freddy Huet, Michael Klien, Aude Le Lannier, Alexandros Maziotis, Maria Molinos-Senante, Louis Mulotte et Maria Salvetti.

Il est possible d'aborder le sujet de l'eau potable selon différentes perspectives, qu'elles soient juridiques, historiques, géographiques, hydrologiques, philosophiques, politiques, etc. Bien que dans ce livre je n'occulte aucune dimension liée à l'eau, ma réflexion se concentre essentiellement sur sa bonne gestion afin que chaque humain sur Terre puisse avoir accès à une eau de bonne qualité et en quantité suffisante.

Le but de ce livre est de faire un état des lieux aussi clair que possible des questions relatives à l'eau potable afin que chacun – citoyens, élus, dirigeants – s'empare de ce sujet. Nous nous dirigeons manifestement vers une période difficile quant à l'utilisation de l'eau, alors même qu'une partie de l'humanité n'a pas accès de manière constante et dans de bonnes conditions à cette ressource. Il est impératif de placer l'eau au sommet de l'agenda politique. Ce livre est une modeste contribution à cette ambition.

Introduction

Ce livre traite de la vie. Sans eau, il n'y aurait pas de vie sur Terre. Initialement un cadeau de la nature, l'eau représente notre capital vital ainsi que celui de tous les êtres vivants de notre planète.

Phénomène naturel, l'eau s'évapore dans les airs puis se condense en fines gouttelettes qui grossissent jusqu'à tomber sous forme de pluie pour ruisseler et s'infiltrer dans les nappes phréatiques. Puis tout recommence. Ce cycle de l'eau n'a pas changé depuis des centaines de millions d'années, et il a joué un rôle déterminant dans le développement humain, mais aussi dans celui des animaux et des plantes. L'eau douce, sous sa forme liquide, utilisable et disponible, ne constitue que 0,5 % de l'eau sur Terre. Elle est présente partout mais elle tend à être disponible au mauvais endroit, au mauvais moment, ou à être de mauvaise qualité.

Polyforme, l'eau est à la fois une ressource commune, un bien marchand et un service public. À l'état naturel, l'eau est un patrimoine que personne ne peut s'approprier, mais une fois traitée pour être potable, elle devient un bien marchand « pas comme les autres[1] », payant mais devant rester accessible de façon universelle. Quand l'eau potable est utilisée de manière collective, l'eau devient un service public, qui permet de satisfaire les besoins essentiels à la dignité humaine et participe à la santé publique.

En dehors des périodes de sécheresse ou d'inondations, l'eau n'intéresse pas. Dans les pays industrialisés, l'eau est disponible dans tous les logements, arrose les pelouses, lave les voitures, nettoie les rues et irrigue les champs. Les services d'eau et d'assainissement y sont si fiables qu'ils sont devenus invisibles. Un Européen ou un Américain ne s'attend pas à ouvrir le robinet de sa salle de bains et que l'eau ne coule pas. Mais l'eau est aussi invisible au sens propre – les réseaux d'eau et les nappes d'eau qui nous alimentent sont souterrains – et elle est donc méconnue[2] et sous-valorisée.

Dans les pays en développement, l'eau se fait cruellement rare. Essentiel à la dignité humaine et à la santé publique, l'accès à l'eau potable, à l'assainissement et à l'hygiène est loin d'être garanti dans bon nombre de pays, même quand les réseaux sont déjà construits.

C'est une tragédie dont on ne parle pas assez. Environ un tiers de la population mondiale ne dispose pas d'installations pour se laver les mains, un geste fondamental pour prévenir les maladies. Plus d'un quart de la population mondiale n'a toujours pas un accès régulier à l'eau potable, un chiffre qui atteint 70 % en Afrique subsaharienne[3]. Dans les régions mal desservies, la population est obligée d'utiliser de l'eau contaminée par des matières fécales ou polluée. Au moins 1,2 million de personnes dans les pays en développement meurent chaque année de maladies attribuables à l'eau insalubre, à l'assainissement inadéquat et aux mauvaises pratiques d'hygiène[4]. Un enfant de moins de cinq ans meurt toutes les 80 secondes à cause d'une eau contaminée[5]. L'eau insalubre est la première cause de mortalité dans le monde, et les êtres humains les plus affectés sont les enfants africains.

L'accès de tous à l'eau et à l'assainissement d'ici à 2030 est pourtant le sixième objectif de développement durable de l'Organisation des Nations unies. Mais nous avons pris du retard. Au rythme actuel, il faudra plus que quadrupler le rythme des efforts pour atteindre l'objectif de garantir l'accès à l'eau et à l'assainissement à l'ensemble de la population et assurer une gestion durable des ressources en eau[6]. C'est impossible.

Avec la croissance économique et l'augmentation de la population, la demande d'eau va continuer à s'accroître dans les prochaines années. La demande mondiale en matière d'alimentation devrait augmenter de 50 % d'ici à 2050[7]. L'agriculture irriguée, qui représente 40 % de la production agricole mondiale, compte déjà pour 70 % des prélèvements d'eau dans le monde. Face à une telle augmentation de la demande d'eau pour les besoins alimentaires, mais aussi pour d'autres usages, par exemple industriels ou énergétiques, les déséquilibres entre l'offre et la demande d'eau vont s'aggraver dans les trente prochaines années. Il nous faut adapter notre gestion de l'eau en conséquence.

La période de la gestion facile de l'eau est révolue

Jusqu'à la récente période de sécheresse connue par l'Europe et les États-Unis, les grandes puissances mondiales ont eu tendance à penser que le manque d'accès à l'eau était surtout un problème concernant les pays pauvres. En effet, la technique de desserte de l'eau et son traitement pour la rendre potable sont largement maîtrisés depuis des siècles. Le problème de l'accès à l'eau était donc essentiellement un problème d'investissement. Là où l'eau était rare mais où l'argent ne l'était pas, le génie humain avait permis de développer des réseaux d'eau. L'eau, fidèle alliée du développement économique et humain, serait toujours présente.

La gestion facile de l'eau est révolue. Aujourd'hui, la majeure partie de la Terre est exposée à un risque élevé ou très élevé de sécheresse. Une étude récente publiée dans la prestigieuse revue *Science* montre, à partir d'images satellites, que le stock d'eau des principaux lacs mondiaux a été divisé par deux ces trente dernières années[8]. L'Europe et l'Asie Pacifique sont particulièrement exposées. Les conséquences sont drastiques : la quantité d'eau diminue et, en conséquence, sa qualité aussi. L'eau stagnante ne se filtre plus naturellement et cumule les particules de pollution, qui s'accumulent aussi dans les sols et les sous-sols. Ce phénomène va s'amplifier avec l'intensification et l'allongement des périodes de sécheresse. L'eau douce se raréfie et celle qui reste est de moins bonne qualité, alors même que la population mondiale ne cesse d'augmenter.

Le réchauffement climatique est à l'origine de cette sécheresse structurelle. D'un côté, l'augmentation de la température augmente l'humidité de l'air, créant des épisodes de pluies plus intenses, même dans les régions où les précipitations globales diminuent. De l'autre, le réchauffement fait que l'atmosphère aspire aussi plus d'eau du sol et des lacs, les asséchant plus rapidement, et créant de longues périodes de sécheresse. Le rythme altéré des précipitations affecte le ruissellement et change la condition des sols qui infiltrent de moins en moins bien l'eau, créant des risques d'inondations au printemps et de sécheresse en été. Enfin, le réchauffement entraîne la fonte des glaciers. La montée du niveau des eaux entraîne des intrusions salines dans les réserves d'eau douce, particulièrement dans les zones côtières. Le GIEC est catégorique, avec un tel changement climatique, des procédures d'adaptation sont nécessaires, y compris dans les zones « riches » en eau[9].

L'activité humaine est également largement en cause. La surexploitation des nappes phréatiques aggrave leur assèchement et menace leur pérennité. Les conséquences sont catastrophiques : le taux d'humidité dans les sols est trop faible pour assurer de bonnes conditions de cultivation et les réserves d'eau de source s'épuisent avant de se renouveler. Les activités agricoles et industrielles polluent les nappes phréatiques et les cours d'eau. S'ajoutent à la surexploitation de la ressource en eau la déforestation et la disparition des zones humides, qui renforcent les changements des schémas de précipitations. Par exemple, la déforestation dans le bassin du Congo a des effets négatifs sur les précipitations des pays voisins. La crise actuelle de l'eau est donc largement liée à celle de la biodiversité et du changement climatique.

C'est un cercle vicieux. L'activité anthropique affecte les ressources en eau et provoque le réchauffement climatique qui modifie le cycle de l'eau. La modification du cycle de l'eau renforce à son tour le réchauffement climatique, par exemple en affaiblissant le stockage de carbone par le sol, et rend l'adaptation humaine difficile. Dans la nature, tout est interconnecté, et l'être humain doit s'adapter.

Le risque de surexploitation des réserves en eau est réel alors que le stress hydrique élevé touche désormais la moitié de la population mondiale au moins un mois par an[10]. Une ligne horizontale de la soif va du Mexique et des États-Unis au nord-est de la Chine, en passant par le bassin méditerranéen, le Moyen-Orient et l'Inde. Mais d'autres pays, comme la France, sont aussi touchés par des phénomènes météorologiques extrêmes.

En France, en 2022, 93 départements ont connu des mesures de restrictions d'eau et plus de 1 000 communes ont subi des ruptures d'approvisionnement. En février 2023, 80 % des nappes phréatiques étaient en dessous de leur remplissage normal[11], du jamais vu. À l'automne de la même année 2023, lors de précipitations records, des inondations historiques ont touché le nord du pays. Les nappes se sont alors rechargées mais certaines plus vite que d'autres, renforçant les inégalités territoriales en matière de ressources hydriques. C'est avec ces phénomènes météorologiques qu'il faudra de plus en plus composer dans le futur. La gestion de l'eau devient difficile.

Des conflits autour de l'eau apparaissent

À mesure que l'eau se raréfie, la concurrence pour son usage s'intensifie et les tensions relatives à l'eau explosent.

Ces tensions sont protéiformes et peuvent apparaître entre pays, entre les citoyens et leurs gouvernements, ou entre les usagers.

Les cours d'eau sont des frontières qui amènent autant de coopérations que de tensions. Depuis des dizaines d'années, la Chine et l'Inde sont en litige concernant l'eau du plateau tibétain. Pour soutenir leur développement économique et répondre aux besoins d'une urbanisation rapide, les deux géants asiatiques ont un besoin crucial d'eau. Si un conflit n'a pas encore éclaté, c'est parce que l'eau est une ressource essentielle. En priver la population entraînerait immédiatement une guerre.

La dynamique du pouvoir liée à l'eau rappelle, d'une certaine manière, l'équilibre entre puissances nucléaires : les tensions se résolvent naturellement par un équilibre des menaces. Mais lorsqu'un pays verra son économie complètement bouleversée par le manque d'eau, les gains de la paix seront relativement faibles par rapport aux coûts du manque d'eau. L'eau ne sera plus une des variables d'un conflit comme elle l'a été jusqu'à maintenant, elle pourrait en devenir l'objet principal[12].

Dans le monde entier, les conflits nationaux autour de l'accès à l'eau se font de plus en plus ressentir. Un exemple frappant est celui de Montevideo, la capitale de l'Uruguay, où les deux millions d'habitants n'ont pas eu d'accès à l'eau potable depuis 2023 à cause de la sécheresse. La solution trouvée par le gouvernement a été de mélanger le peu de réserve d'eau restante à l'eau salée du Río de la Plata. L'eau distribuée, décrite comme « buvable » mais « non potable » par le gouvernement, tout en étant déconseillée aux personnes malades et aux femmes enceintes, montre la précarité des services d'eau en période de changement climatique. La situation a engendré un mécontentement croissant de la population envers les dirigeants politiques et les industriels, accusés de piller les ressources hydriques du pays[13].

À plus de 10 000 kilomètres de Montevideo, dans les Deux-Sèvres, en France, les tensions sur les usages se font aussi ressentir. La manifestation contre le projet de « méga-bassines » à Sainte-Soline, qui a rassemblé 30 000 personnes fin mars 2023, témoigne du sentiment d'appropriation de l'eau par une poignée d'agriculteurs au détriment de la population locale. Les tensions sur la ressource laissent penser que les conflits d'usage, et peut-être plus tard les conflits civils, seront de plus en plus fréquents.

Par la multiplicité des usages de l'eau, les tensions prennent souvent un tournant politique. Les inégalités d'accès entraînent des mobilisations citoyennes contre les compagnies privées et les gouvernements. La construction de retenues d'eau se traduit par une opposition entre les associations de défense de l'environnement et les agriculteurs. Dans l'eau, ce sont souvent deux visions du monde qui s'opposent, et les conflits d'usage sont aussi largement des conflits politiques.

La mauvaise gestion de l'eau entraîne des coûts économiques et sociaux importants

La gestion de l'eau doit arriver en tête des sujets les plus essentiels, ne serait-ce qu'en raison des coûts économiques et sociaux qu'elle représente. À titre d'exemple, la fédération professionnelle France Assureurs estime que les pertes globales en France se sont élevées à 2,5 milliards d'euros à la suite des épisodes de sécheresse de 2022. Selon cette même fédération professionnelle, sur la période 2020-2050, la sécheresse pourrait coûter 43 milliards d'euros en France[14]. Cette évaluation ne prend en compte que des dommages matériels.

Les sols n'étant plus en capacité d'absorber correctement les précipitations, les crues et les inondations se multiplieront, et les glissements de terrain deviendront plus fréquents. La production agricole diminuera et les pertes de récolte se multiplieront. D'autres coûts indirects qui sont mal pris en compte, tels que l'explosion des prix des produits alimentaires, auront des effets importants sur la qualité de vie humaine. Les hausses de prix des produits alimentaires en raison du changement climatique, observées à plusieurs reprises dans certaines régions d'Afrique, ont été un des facteurs à l'origine des « crises de la faim » que le continent a connues.

De même, les conséquences sociales seront importantes. L'habitat humain étant menacé, les migrations vont augmenter. Face à la volatilité de leurs revenus, les agriculteurs et les éleveurs abandonneront leurs terres et leur bétail, ce qui renforcera les conséquences économiques et sociales de la crise.

Le manque d'eau aura aussi un impact sur la faune et la flore. Avec l'assèchement des cours d'eau, les poissons et les animaux qui s'abreuvent dans des points d'eau dédiés se déplaceront, ce qui entraînera un déséquilibre de l'écosystème. Des sols de mauvaise qualité dégraderont la qualité et la vie de la biomasse.

Les effets environnementaux, économiques et sociaux ne peuvent pas être dissociés. Une pénurie d'eau entraîne quasi mécaniquement une hausse du prix de l'eau. Cette hausse n'est pas liée à un pur mécanisme de raréfaction, mais à une contrainte technique. Quand l'eau diminue, les polluants se diluent moins bien et le risque de contamination des réserves hydriques augmente. Il faut donc des traitements intensifs pour que l'eau soit sans danger pour la santé. Son extraction et son acheminent deviennent aussi plus compliqués. Afin de préserver la ressource, des coupures d'eau – au moins pour certains usages – seront aussi plus fréquentes. Les coûts économiques de la raréfaction de l'eau, et de sa mauvaise qualité, seront donc importants, aussi bien pour les ménages que pour l'agriculture ou l'industrie, qui devront réadapter leur processus.

Les coûts sociaux du manque d'accès à l'eau seront inégalement partagés[15]. Les ménages les plus pauvres seront plus touchés par des augmentations de prix. De même, les collectivités les plus riches pourront investir dans des mécanismes de réutilisation des eaux usées ou de retenue des eaux de pluie, quand les autres seront soumises aux évolutions écologiques de leurs ressources.

Des solutions existent et doivent être mises en place sans tarder

Les solutions existent mais les gouvernements ont pris beaucoup de retard. Les raisons sont multiples. D'abord, la place de l'eau dans la gestion du changement climatique n'a historiquement pas été reconnue dans les accords internationaux. À titre d'exemple, la protection de la biodiversité ou l'atténuation du réchauffement climatique ont fait l'objet de conventions globalement adoptées au Sommet de la Terre de Rio en 1992.

En revanche, l'accès et la protection de la ressource en eau ont été trop longtemps considérés comme des enjeux locaux ou nationaux, alors même que la menace est globale et que l'interdépendance entre pays est importante. Ainsi, l'eau n'était pas une priorité de la COP28 qui a eu lieu à Dubai en 2023, qui ne lui consacre que deux paragraphes[16] ! Ce manque de considération au plus haut niveau explique en partie le manque d'investissements et d'informations sur la gestion de l'eau au niveau mondial.

Si l'on veut protéger l'eau, il faut lui donner une « maison » à l'Organisation des Nations unies[17]. En effet, l'eau n'y bénéficie pas de fonds ou de programmes dédiés, ni d'institutions spécialisées. À l'inverse du changement climatique, l'eau n'a pas non plus de convention-cadre. Elle ne dispose pas d'une conférence des parties (COP) alors que la biodiversité et la lutte contre la désertification en ont. L'eau doit être considérée comme un enjeu mondial dans toutes ses dimensions, en particulier dans son lien avec le changement climatique, la nourriture, l'énergie et la paix mondiale. En ce sens, l'eau est un *bien commun global.*

La bonne gouvernance d'un bien commun global commence au niveau d'un territoire. L'eau est une ressource localisée, renouvelable mais dont la quantité disponible à un moment donné est limitée. Cela peut se traduire par une certaine résignation : les problèmes sont très localisés, et économiser l'eau en France ne résoudra pas les problèmes au Sahel. En conséquence, la gestion de l'eau se fait d'abord au niveau d'une communauté d'usagers. Les usagers veulent participer aux décisions relatives à l'eau mais ils n'y sont pas toujours bien associés. La gouvernance de l'eau doit donc être rénovée pour être plus démocratique.

Il faut réinventer le modèle économique de l'eau. À l'heure de la sobriété hydrique, les modes de rémunération actuels des opérateurs encouragent la surconsommation et le gaspillage et découragent l'investissement. Les réseaux, construits rapidement au cours des XIXe et XXe siècles dans les pays industrialisés, sont vieillissants et les fuites d'eau sont énormes. 20 % du volume d'eau potable introduit dans le réseau est perdu en France, mais c'est plus de 30 % au Portugal et 40 % en Italie[18]. De nouveaux modes de rémunération des opérateurs sont à inventer pour préserver la ressource.

Donner un meilleur accès à l'eau et à l'assainissement pour la santé et la dignité humaine, partout dans le monde, est indispensable et n'est pas négociable. Cela passe par un certain nombre d'investissements et une facilitation de la diffusion des innovations. Les entreprises privées et les acteurs publics ont un rôle à jouer : la désalinisation, la réutilisation des eaux usées et le stockage des eaux de pluie doivent être profondément améliorés, et les technologies transférées dans les pays en développement.

De même, il faut trouver les moyens de stabiliser la demande d'eau, particulièrement dans les zones en tension. Les industriels et les agriculteurs devront « déshydrater » leurs activités de production, et les consommateurs devront être encouragés à diminuer ou à limiter leur consommation. Des changements des pratiques d'irrigation, la récolte des eaux de pluie, la gestion de l'humidité des sols, l'amélioration des modes opératoires dans l'agriculture et l'industrie seront nécessaires. Pour l'ensemble des acteurs, une meilleure connaissance de leur consommation d'eau, une plus grande compréhension des enjeux et une tarification plus incitative de l'eau sont nécessaires.

Il est essentiel de penser la gestion de l'eau de manière globale, en lien avec les écosystèmes, la biodiversité et le changement climatique. De même, les politiques de l'eau doivent être élaborées en lien avec l'aménagement du territoire, l'urbanisme et les politiques agricoles.

L'eau est l'affaire de tous. La pénurie d'eau concerne chacun d'entre nous et doit susciter une préoccupation générale. Cet ouvrage va au-delà du constat et propose des solutions concrètes. L'eau n'est pas un sujet simple : des milliards de personnes souffrent du manque d'accès à l'eau et les solutions miracles n'existent pas. Les solutions proposées dans cet ouvrage sont forcément imparfaites et marginales, mais elles peuvent être largement diffusées pour apaiser les tensions sur la ressource.

Chacun d'entre nous porte une part de responsabilité et la meilleure compréhension de l'eau doit nous inciter à revoir nos habitudes. Sans une prise de conscience de la part des différents acteurs, notre civilisation court à son propre effondrement.

Partie une

L'eau, un enjeu mondial

Chapitre 1

L'eau, un marqueur du changement climatique

La question du réchauffement climatique est aujourd'hui très présente dans le débat public. Si l'on associe facilement le réchauffement climatique à la fonte des glaces, aux événements météorologiques extrêmes ou à la production d'énergies fossiles, la relation entre l'eau et le dérèglement climatique est moins claire. En témoigne le faible intérêt, voire l'absence d'intérêt accordé au questions relatives à l'eau dans les différentes conférences des parties (COP) sur les changements climatiques. Or, l'eau est un des marqueurs les plus importants du réchauffement climatique. La conférence mondiale historique sur l'eau organisée par les Nations unies en mars 2023, la première depuis 1977, témoigne d'une prise de conscience des enjeux liés à l'eau mais se traduit par des avancées en demi-teinte.

L'eau, premier témoin du changement climatique

L'eau est le marqueur direct du réchauffement climatique. Que cela soit au travers de la fonte des glaces, de l'élévation du niveau de la mer, de l'imprévisibilité des précipitations, des inondations et des sécheresses, de l'augmentation des feux, de la pollution de l'eau, les trois quarts des désastres naturels sont en lien avec l'eau[1].

Le changement climatique se manifeste aux individus essentiellement par des phénomènes impliquant l'eau. Pourtant, l'eau est la laissée-pour-compte de la réflexion scientifique et politique sur le changement climatique. Le lien entre l'eau et le réchauffement climatique a généralement été analysé sous le prisme des phénomènes météorologiques extrêmes. Mais la compréhension de l'impact irréversible du changement climatique sur la quantité et la qualité de l'eau est restée au stade embryonnaire[2]. Pour autant, la disponibilité et la qualité de l'eau seront les principales contraintes qui s'exerceront sur les sociétés soumises au changement climatique.

Si la température mondiale augmente de 2 degrés Celsius en 2050 par rapport au niveau préindustriel, trois milliards d'individus seront exposés à un manque d'eau potable. Certains endroits seront désertés en raison de la sécheresse, de la chaleur, ou des inondations ; d'autres territoires auront disparu. Selon les projections de l'Organisation des Nations unies, le nombre de personnes vivant dans des zones inondables ou dans des zones en manque d'eau douce va être multiplié par 1,5 d'ici à 2050.

L'augmentation des températures mondiales entraîne un changement de schéma climatique : le cycle de l'eau est accéléré. En effet, l'eau s'évapore davantage des terres, et l'humidité de l'air augmente, au-delà de ce que peut contenir l'atmosphère. Les estimations scientifiques montrent qu'une augmentation de 1 degré Celsius de la température terrestre provoque une augmentation de 7 % de l'humidité de l'atmosphère[3]. Cela entraîne des précipitations moins prévisibles et la multiplication de tempêtes, y compris dans les zones où les précipitations globales diminuent, mais aussi des sécheresses plus longues et plus fortes, même dans les zones les plus humides. Par ailleurs, le réchauffement climatique renforce l'inégale répartition des précipitations au niveau global. Les zones sèches le seront encore plus et les zones humides aussi.

On retrouve de nombreuses illustrations malheureuses de ce changement de schéma climatique. En 2022, des inondations ont touché au moins les deux tiers du Pakistan alors que la Corne de l'Afrique était frappée par une sécheresse d'une intensité inédite. 86 600 kilomètres carrés de surfaces ont été inondées au Pakistan, soit 10 % de la surface du pays, touchant 33 millions de personnes[4]. Un rapport de l'Organisation mondiale de la Santé (OMS) et du Fonds des Nations unies pour l'enfance (UNICEF) estime que 43 000 personnes sont mortes de la sécheresse en Somalie en 2022[5]. L'Australie et l'Amérique latine ont connu les deux extrêmes, passant des inondations à la sécheresse. L'augmentation de l'humidité dans l'atmosphère crée des étés plus secs dans la zone méditerranéenne et à l'ouest des États-Unis, ou encore en Afrique du Sud et au sud-ouest de l'Australie et de l'Amérique latine.

Le changement de schéma de précipitations est aussi observé en Europe qui a connu un hiver 2023 particulièrement sec. En janvier et février 2023, pas une goutte de pluie n'est tombée sur le territoire français pendant

32 jours, ce qui en fait l'hiver le plus sec depuis que les statistiques météorologiques existent. Ces épisodes de manque ou d'excès de précipitations ne sont pas exceptionnels : un cinquième des bassins mondiaux connaît actuellement une forme d'inondations ou de sécheresse.

Dans les zones subtropicales, la mousson et les pluies sont plus irrégulières et plus intenses. Ce dérèglement de la mousson affecte la production agricole mondiale, et crée des épisodes de famine de plus en plus réguliers. Les ressources en eau du sous-continent indien, en Inde, au Pakistan, au Népal et au Bangladesh, en dépendent à 70 %[6]. L'irrigation étant peu répandue en Inde, la mousson est essentielle à la production agricole et à l'économie indienne. Mais elle peut aussi être meurtrière : en 2013, la mousson a fait plus de 6 000 morts dans l'Uttarakhand, au pied de l'Himalaya et, en 2018, Bombay était noyée sous 1 mètre d'eau pendant la saison des pluies. Le dérèglement du calendrier de la mousson a donc des effets économiques et humains conséquents pour ces régions.

Dans les régions alimentées par les eaux de fonte des principales chaînes de montagnes, où vit actuellement un sixième de la population mondiale, la fonte précoce des glaciers et de la couverture neigeuse entraîne une réduction de la disponibilité de l'eau en été. Le décalage saisonnier de l'écoulement fluvial – fort écoulement en hiver et assèchement en été – est catastrophique pour les régions concernées, que cela soit le long de la cordillère des Andes en Amérique du Sud, ou autour des Alpes, le « château d'eau » de l'Europe, qui alimente les principales rivières du continent – le Danube, le Pô, le Rhin et le Rhône.

Dans les zones côtières, la fonte des glaciers entraîne une augmentation du niveau des eaux, des inondations, et une dégradation de l'eau douce, qui devient salinisée ou contaminée par des bactéries, voire les deux. La salinisation de l'eau la rend impropre à la consommation, mais aussi à l'agriculture, et dégrade la biodiversité. Dans le delta du Mékong, le garde-manger du Vietnam, la montée du niveau de la mer entraîne la salinisation progressive des eaux douces et chassera petit à petit les riziculteurs, d'ici à 2050, bien avant que l'océan ne le recouvre. Cette situation est loin d'être unique : selon la Banque mondiale, d'ici à 2050, avec une augmentation de la température de 2 degrés Celsius, 216 millions de personnes auront migré en interne pour fuir la montée des eaux, et pouvoir vivre normalement[7].

Le réchauffement exacerbe de nombreuses formes de pollution ou de contamination de l'eau. La diminution du débit des rivières et du niveau des lacs augmente la concentration de polluants. L'augmentation de la température des eaux à l'état naturel favorise le développement de germes et de bactéries. Des précipitations fortes entraînent un ruissellement des polluants vers les eaux souterraines et mettent à mal le fonctionnement des stations d'épuration, qui répandent alors des maladies véhiculées par l'eau. C'est le cas par exemple en Bretagne ou en Guadeloupe lorsque les pluies sont trop fortes. Des pluies importantes, combinées à une infrastructure vieillissante, ont entraîné 838 jours cumulés de fermetures de plages en 2020, sur le littoral breton, pour éviter des contaminations de baigneurs. La même combinaison d'infrastructures défectueuses et de pluies importantes se traduit par des odeurs nauséabondes et des eaux marron déchargées dans la mer, à plusieurs endroits de la Guadeloupe.

Des centaines de cas de dégradation de la qualité des eaux dans le monde sont documentés[8]. Aux États-Unis, des régions aussi diverses et éloignées que la baie de Chesapeake, le golfe du Mexique ou les Grands Lacs connaissent une diminution du niveau d'oxygène dissous dans l'eau (hypoxie) qui a des répercussions sur le milieu et les écosystèmes aquatiques. En 2014, 500 000 personnes vivant près du lac Erié aux États-Unis ont reçu l'ordre de ne pas boire l'eau du robinet, qui était surchargée en microcystines, des toxines nocives pour la santé. Dans le lac Tai, troisième plus grand lac d'eau douce en Chine, les proliférations d'algues toxiques sont plus intenses après les cyclones tropicaux car les pluies apportent davantage de nutriments dans le lac, qui croissent ensuite en raison des températures plus élevées. Ces phénomènes témoignent de l'impact du lien entre changement climatique, intempéries et dégradation de la qualité des eaux.

La sécurité alimentaire de la planète est en jeu. Avec de l'eau de moins bonne qualité, c'est aussi la nourriture qui devient de moins bonne qualité. L'augmentation des événements météorologiques extrêmes entraîne des pertes de récolte, l'érosion des sols, et empêche les agriculteurs de cultiver les terres détrempées. Selon le GIEC[9], la fréquence de pertes soudaines de nourriture a augmenté depuis le milieu du XXe siècle, notamment en raison des sécheresses agricoles. Les petits producteurs agricoles sont particulièrement touchés. Ces impacts sur la sécurité alimentaire sont particulièrement forts pour les individus qui vivent en Afrique subsaharienne, en Asie, en Amérique centrale et en Amérique du Sud. Avec une augmentation de la température à 1,5 degré Celsius, les sécheresses agricoles devraient doubler ; elles devraient tripler avec une augmentation à 2 degrés Celsius[10]. L'effet du changement climatique sur la sécheresse agricole est donc exponentiel et renforce les risques de famine, particulièrement dans les pays en développement.

Les sécheresses renforcent aussi la probabilité et l'ampleur des feux de forêt. Sécheresses et feux déstabilisent les communautés locales, dégradent la biodiversité et la qualité des sols, et renforcent la rareté de l'eau et l'insécurité alimentaire. Les feux de forêt se multiplient et sont de plus en plus meurtriers pour l'écosystème. Entre septembre 2019 et février 2020, des feux d'une ampleur inédite en Australie ont détruit plus de huit millions d'hectares de forêts, et entraîné le déplacement ou la mort de 3 milliards d'animaux[11]. Au niveau mondial, certaines estimations montrent que les feux de forêt détruisent trois fois plus d'hectares en moyenne à la fin des années 2010 qu'au début des années 2000[12]. En raison de la sécheresse, une plus grande superficie brûle lorsque les feux prennent, ce qui prolonge leur fréquence et leur intensité. La sécheresse entraîne également la multiplication des parasites et des maladies pour l'écosystème forestier, ses défenses naturelles étant affaiblies par le manque d'eau. Des arbres malades captent aussi moins de carbone, renforçant ainsi les effets du changement climatique.

Changement climatique et eau entretiennent une forme de cercle vicieux. L'eau est un puissant puits de carbone. Or, les zones humides, dans les îles et les continents, disparaissent à un rythme alarmant. Selon les Nations unies, 85 % des zones humides de la planète ont disparu[13]. Lorsque les lacs s'assèchent et que les zones humides disparaissent, l'atmosphère cumule plus de carbone. Le surplus de carbone est difficile à capturer puisqu'il y a un déséquilibre croissant entre la quantité de carbone à absorber et l'étendue des zones humides pouvant l'absorber. Par ailleurs, la dégradation des zones humides libère le carbone qui y est stocké, renforçant les changements climatiques. L'activité humaine, que cela soit par son taux d'émission de carbone ou par la protection des zones humides, joue un rôle clé pour casser ce cercle vicieux.

Dévastées par la construction d'une route côtière à la fin des années 1950, la lagune et la mangrove de la Cienaga Grande en Colombie est un des nombreux exemples du lien existant entre eau, biodiversité, et changement climatique. L'activité humaine sont à l'origine de la destruction de cette zone humide qui s'étend sur plus de 4 000 km^2 et de la salinisation des eaux douces situées au pied du plus haut massif côtier du monde, la sierra Nevada, par la pénétration de la mer Caraïbes à la suite de la destruction de la mangrove. La montée des eaux résultant du réchauffement climatique a achevé la destruction de la biodiversité dans une zone autrefois considérée comme l'un des endroits les plus riches de la planète en termes de faune et de flore. Cet exemple témoigne de l'interconnexion entre activité humaine, réchauffement climatique et biodiversité, et de la manière dont l'eau circule et relie ces différents éléments.

L'eau, grande oubliée des conférences sur le climat

Nous l'avons vu, l'eau est en première ligne du changement climatique. Mais les débats sur celui-ci portent essentiellement sur la diminution des émissions de carbone, appuyés par l'organisation des COP sur le climat. Il y a plus de trente ans, le Sommet de la Terre organisé à Rio de Janeiro, en juin 1992, permettait d'adopter les trois conventions sœurs de Rio portant sur le changement climatique, la diversité biologique et la lutte contre la désertification. L'eau n'est pas l'objet d'une convention, ce qui peut sembler paradoxal.

L'eau était pourtant bien un sujet de préoccupations en 1992. Quelques mois avant le Sommet de la Terre, la Conférence internationale sur l'eau et l'environnement de Dublin dressait un constat alarmant et proposait un certain nombre de principes et d'actions. Quatre principes directeurs ont été établis : l'eau douce est reconnue comme une ressource limitée et vulnérable participant au développement, sa gestion doit être participative, les femmes jouent un rôle essentiel dans la gestion de l'eau, et l'eau a une valeur économique et doit donc être reconnue comme un bien économique.

Les actions adoptées comportaient la réduction des maladies liées à l'eau, la conservation de l'eau et la résolution des conflits relatifs à l'eau. Les préconisations de la conférence de Dublin ont été largement reprises dans le volet dédié à l'eau dans le Sommet de la Terre à Rio et dans l'Agenda 21, qui comportait quarante directives pour le développement durable au XXIe siècle. C'est donc paradoxalement le fait que la conférence de Dublin ait eu lieu en amont du Sommet de Rio qui fait que l'eau n'ait pas été un sujet important du Sommet de la Terre, qui, comme son nom l'indique, était centré sur les éléments terrestres. Le Sommet de la Terre n'a fait que valider ce qui avait été dit à Dublin, passant vite sur les débats autour de l'eau.

Ce qui est peut-être plus grave est que les trois conventions créées à l'issue du Sommet de la Terre ne se soient pas saisies du sujet de l'eau comme ressource. La convention sur la lutte contre la désertification – qui traite de la sécheresse – aurait naturellement pu absorber les questions relatives à l'eau douce, mais elle s'est focalisée sur l'objectif du développement durable relatif à la vie terrestre et notamment à la gestion durable des forêts. Le GIEC s'est essentiellement focalisé sur les questions relatives aux émissions de gaz à effet de serre, et donc à la transition énergétique. Bien sûr, le GIEC a systématiquement intégré l'impact du réchauffement sur les ressources en eau dans ses rapports, il y a même consacré un document spécifique en 2007. Mais son intérêt pour l'eau concerne en premier lieu l'impact du réchauffement sur les événements météorologiques.

Il faut attendre le rapport de 2022 pour que l'eau apparaisse comme un élément central de l'adaptation au changement climatique. Il y a deux fois plus de pages consacrées à l'eau dans le sixième rapport d'évaluation du GIEC de 2022 que dans le rapport d'évaluation précédent de 2014, ce qui montre un intérêt renouvelé pour le sujet et des avancées scientifiques sur la place de l'eau dans l'adaptation au changement climatique. Mais cela n'a rien de rassurant, comme le dit le sociologue Pierre Bourdieu, les « difficultés et les lenteurs » de l'élaboration du discours scientifique le font arriver, le plus souvent, « après la bataille »[14]. Si l'évidence scientifique montre que l'accès à l'eau n'est plus garanti avec le changement climatique, c'est qu'il est déjà trop tard.

Par la pression de différents acteurs de l'eau et de certains États, l'eau est entrée par la petite porte des COP sur le climat il y a une quinzaine d'années. Il y a d'abord eu des initiatives relatives à la gestion et à la prévention des catastrophes liées à l'eau dans le cadre du réchauffement climatique. La question de l'eau douce a été réellement intégrée avec la mise en place de pavillons « eau et climat » lors des trois dernières COP.

Pour la première fois, deux paragraphes dédiés à l'eau apparaissent dans le plan de mise en œuvre des décisions finales de la COP27, qui avait lieu en Égypte, un pays touché par le stress hydrique. Il est mentionné dans les décisions finales que l'eau est reconnue comme essentielle à l'adaptation au changement climatique et qu'elle doit être à ce titre protégée, conservée et restaurée, et que l'eau joue un rôle essentiel pour assurer la sécurité alimentaire et la nutrition, et la protection de la biodiversité. Les conclusions exhortent les parties à intégrer davantage l'eau dans leurs efforts d'adaptation[15]. La COP28, qui s'est déroulée au Moyen-Orient, une région en stress hydrique permanent, s'inscrit dans la continuité de la COP27[16].

L'eau n'ayant pas été systématiquement intégrée aux discussions sur le changement climatique, il en résulte un manque de connaissance scientifique sur les ressources en eau et leur qualité. Pour au moins 3 milliards de personnes, la qualité de l'eau dont elles dépendent n'est pas connue, faute de surveillance. Pour de nombreux plans d'eau, notamment souterrains, la qualité n'est pas évaluée, y compris dans les pays les plus économiquement développés, ce qui expose potentiellement la population à un risque sanitaire[17]. L'Organisation mondiale de la météorologie s'en est inquiétée dès 2019 en souhaitant mettre l'accent dans les données collectées sur la surveillance et les prévisions hydrologiques pour faire face aux sécheresses et aux inondations, améliorer les décisions relatives aux prises de décision sur la construction de barrages et renforcer les connaissances sur la qualité de l'eau. Avoir des données sur l'eau comme nous en avons sur nos émissions de gaz à effet de serre, c'est permettre de mieux comprendre l'impact du changement climatique sur la quantité et la qualité de l'eau, et trouver des solutions pour garantir à tous l'accès à l'eau.

Le manque de connaissance scientifique explique pourquoi le financement des enjeux relatifs à l'eau pour faire face à l'adaptation au changement climatique est faible. Les investissements dans les infrastructures de l'eau, et dans leur adaptation pour faire face aux phénomènes climatiques extrêmes, ont été survolés dans la plupart des négociations sur le climat. Aujourd'hui, seulement 3 % des financements pour le climat sont dédiés aux systèmes d'eau[18].

La conférence globale sur l'eau de mars 2023, un rendez-vous raté avec l'Histoire ?

« Nous avons brisé le cycle de l'eau, détruit les écosystèmes et contaminé les eaux souterraines », a lancé Antonio Guterres, le secrétaire général des Nations Unies, lors de l'ouverture de la conférence globale sur l'eau des 22-24 mars 2023. Il a fallu attendre plus de quarante-cinq ans pour que les Nations unies réitèrent la tenue d'une conférence sur l'eau. La dernière conférence, qui avait eu lieu en 1977 à Mar del Plata, en Argentine, s'était conclue sur la promesse d'achever un accès universel à l'eau et à l'assainissement avant 1990 pour éviter une crise globale de l'eau en 2000.

Lors de la conférence de Mar del Plata, plusieurs pays, comme le Kenya, le Népal et le Pakistan, avaient demandé la création d'un fonds pour investir dans les réseaux d'eau et d'assainissement des pays en développement. Pourtant, la conférence s'était terminée par l'adoption d'une résolution prévoyant la réalisation d'une étude pour comprendre comment financer un certain nombre de projets de développement des réseaux d'eau. La conférence n'avait réglé aucun problème mais elle incitait les États en développement à écrire un plan visant à permettre l'accès à l'eau à leurs populations urbaines et rurales d'ici à 1990. La conférence était si policée et ses conclusions si inutiles que certains participants nommèrent la déclaration de « Mar del platitude »[19] !

La même « mer » de platitude se ressent dans les actes de la conférence du 25 mars 2023. Le succès était pourtant au rendez-vous, avec 10 000 participants et une conférence globale qui ouvrait une semaine de l'eau à New York, au siège des Nations unies. Des centaines d'engagements – 700, exactement – ont été pris par les gouvernements, les organisations non gouvernementales et les entreprises. Les États-Unis se sont par exemple engagés à investir 49 milliards de dollars pour soutenir la résilience climatique de leurs infrastructures d'eau et d'assainissement. L'Union européenne a promis d'améliorer l'accès à l'eau pour 70 millions de ses citoyens et le Vietnam de mettre en place des politiques permettant de connecter l'ensemble de sa population au réseau d'eau. Un agenda a été mis en place par les Nations unies, avec des revues annuelles des avancées, la mise en lumière des bonnes pratiques et un rapport final à paraître en 2028 sur les progrès réalisés.

Beaucoup de commentateurs ont été satisfaits du résultat : réunir les principaux acteurs de l'eau en grande pompe envoyait un signal clair à la communauté internationale, aux citoyens et aux investisseurs sur l'importance de l'eau. Certains sujets très importants ont été débattus, parmi lesquels la création d'un envoyé spécial pour l'eau, la mise en place d'un groupe scientifique de l'ampleur du GIEC ou le renforcement de la communication entre États sur les bassins transfrontaliers.

En réalité, si l'ampleur des engagements et les sujets abordés montrent que les parties prenantes se soucient de l'eau et mesurent probablement les enjeux qui y sont liés, leurs promesses ne seront pas plus tenues que celles des accords de Paris sur le climat de 2015. Plus de cent experts de l'eau ont d'ailleurs envoyé une lettre ouverte au secrétaire général des Nations unies, dénonçant le manque de rigueur, d'ambition et de responsabilité de l'agenda mis en place à l'issue de la conférence.

En effet, contrairement aux COP sur le changement climatique, la conférence de l'eau ne dispose pas d'un conseil scientifique permettant d'informer les débats, de résoudre les controverses et de promouvoir une information scientifique rigoureuse auprès des décideurs politiques. Les entreprises, les gouvernements et les grandes organisations internationales étaient surreprésentés, au détriment des scientifiques et des communautés les plus exposés au changement climatique, ce qui a transformé la conférence en lieu de lobbying. Le système d'accréditation des Nations unies et l'obtention d'un visa pour les États-Unis n'ont pas aidé à promouvoir la représentativité de la conférence. Sur place, les arènes de dialogue où se prennent les décisions les plus importantes laissaient naturellement de côté les parties prenantes auxquelles on ne donne jamais voix au chapitre, en particulier les associations caritatives des pays en développement.

Il faut également souligner le manque d'ambition de la conférence. Sans accord global, sans critères à respecter, sans coordination, les engagements ne seront pas tenus et décrédibiliseront les prochaines initiatives autour de l'eau. À l'issue de la conférence, il n'y a toujours pas d'organe des Nations unies en charge de la mise en place et du contrôle des objectifs de développement durable relatifs à l'eau. Le soutien aux pays en développement – par exemple, pour monter des usines de traitement de l'eau – passe le plus souvent par des prêts, plutôt que l'aide directe, qui pèsent sur des économies déjà surendettées. De dire d'experts, la majorité des mesures promises, même si elles sont mises en œuvre, n'auront pas un impact substantiel, et moins d'un tiers auraient un financement clairement identifié[20]. Une promesse qui ne peut pas être financée, c'est une parole en l'air.

Enfin, la conférence ne remet pas en cause la responsabilité des décideurs politiques dans l'accès à l'eau. Le fait qu'elle n'aboutisse pas à un traité global sur l'eau, mettant en place des règles essentielles d'arbitrage sur l'usage de la ressource et sur les priorités des gouvernements en matière d'eau n'amène pas les décideurs à être redevables d'une quelconque avancée. Comme le disait Henk Ovink, l'envoyé spécial pour l'eau des Pays-Bas, à l'issue de la conférence : « l'eau n'a pas de maison ici à l'Organisation des Nations unies. » Sans organe au sein des Nations unies ni traité global dédiés, les responsables politiques ne seront ni relancés, ni obligés à rien. Tout a été organisé pour que les promesses de la conférence globale *tombent à l'eau.*

Deux autres éléments n'ont pas été assez abordés. Le premier est le lien entre l'eau et la transmission des maladies. Se laver les mains est le premier geste barrière dans la lutte contre la transmission des maladies. En 2020, alors que la Covid-19 frappait le monde entier, le principal geste barrière restait le lavage de mains avec du savon ou une solution hydroalcoolique. Quand nous étions confinés dans des logements généralement équipés en points d'eau, 1 milliard d'individus dans le reste du monde étaient autant menacés par la Covid-19 que par le choléra, souvent sans aucun moyen de se laver les mains. De même, la contamination de l'eau par des matières fécales, ou le fait de ne pas avoir accès à des toilettes pour faire ses besoins sont des questions de santé publique essentielles. Le fait d'avoir des latrines et un système d'évacuation des eaux usées est essentiel à la bonne santé humaine. La question de l'accès à l'eau et à l'assainissement a été pourtant d'abord présentée par les organisations internationales comme une question de santé publique. Climat, biodiversité, environnement, santé publique, développement économique et humain sont tous liés !

Le deuxième élément qui n'a pas été assez évoqué est celui du partenariat ou de l'action collective pour faire face aux enjeux de l'eau. Les promesses sont majoritairement cloisonnées à un acteur, à un secteur ou à une région. Danone s'est engagée à lancer un fonds d'accélération de l'accès à l'eau pour 30 millions de personnes dans le besoin. D'autres entreprises se sont engagées à réduire leur consommation d'eau. La Banque asiatique de développement a promis d'affecter 11 milliards de dollars au secteur de l'eau en Asie Pacifique. De nombreux gouvernements ont annoncé des fonds ou se sont engagés sur des cibles d'accès à l'eau et à l'assainissement.

En revanche, les partenariats intra et intersectoriels, et même interrégionaux, sont rares. Il y a quelques initiatives de coopération internationale qui ont été mises en avant mais les partenariats entre les secteurs public et privé, qui sont pourtant monnaie courante dans la gestion de l'eau potable, n'ont pas été mis en avant. Or, le sujet étant global et multisectoriel, ces partenariats sont déterminants pour assurer une action collective de qualité[21].

Le secrétaire général des Nations unies déclarait, à l'issue de la conférence : « Tous les espoirs de l'humanité pour l'avenir dépendent d'une certaine manière d'un changement de cap basé sur la science pour donner vie au programme d'action pour l'eau. » Ce programme constitue le fameux « agenda » mis en place pour donner suite à la conférence. La nomination annoncée d'un envoyé des Nations unies pour l'eau douce devrait améliorer la prise de responsabilité des différents acteurs mais restera insuffisante. Pour se saisir du problème de l'eau, il faut lui donner des moyens similaires à ce qui a été fait pour le changement climatique : un traité global, des groupes d'experts scientifiques, des conférences annuelles des parties et des engagements qui sont suivis.

Le président de l'Assemblée générale des Nations unies, Csaba Korosi, satisfait des échanges, a assuré que « le résultat de cette conférence n'est pas un document juridique contraignant, mais il tourne quand même une page de l'histoire ». La page de l'histoire qui se tourne est plutôt que les principales puissances mondiales ont raté le coche sur le sujet de l'eau. Sans amélioration rapide, sans leadership politique, cette conférence sera analysée par les générations futures comme le moment où les gouvernements auraient pu faire quelque chose mais ont décidé de ne rien faire.

Chapitre 2

L'eau, au cœur des inégalités

L'accès à l'eau a été, dans l'histoire, un facteur clé du développement économique et humain. L'apprivoisement de l'eau pour l'acheminer vers les cités est une formidable histoire de la technique humaine. C'est aussi une histoire de développement des institutions, d'engagement politique et d'entrepreneuriat.

Cependant, l'accès à l'eau est également marqué par des inégalités persistantes, reflétant des disparités économiques et sociales. Dans certaines régions, la pénurie d'eau s'aggrave, renforçant encore davantage ces inégalités en exposant les plus vulnérables à des difficultés accrues. L'accès à l'eau est ainsi un miroir des inégalités et des injustices du monde antique comme du monde moderne.

Une brève histoire de la construction des réseaux d'eau

L'histoire de l'humanité est indissociable de sa quête incessante d'eau potable et de nourriture. Pour répondre à ses besoins alimentaires, *Sapiens* s'était installé dans les régions côtières, à proximité d'un fleuve ou dans des vallées où l'eau coulait en abondance. On retrouve les premiers puits d'eau en Mésopotamie, en 6000 avant Jésus Christ. Comme son nom l'indique en grec ancien, le pays de l'entre-deux (*mésos*) fleuves (*potamos*) avait développé des systèmes d'irrigation avec la mise en place de canaux connectés au Tigre et à l'Euphrate[1]. L'irrigation permet de développer l'agriculture et d'assurer les besoins alimentaires d'une population sédentarisée qui grandit. Les premières institutions – sous forme de communautés – sont mises en place pour coopérer sur l'entretien du système d'acquisition de l'eau et sur son partage[2]. Mais il faut attendre quelques millénaires pour que l'ingénierie humaine permette d'apprivoiser l'eau.

C'est pendant l'Antiquité que les premiers réseaux d'eau sophistiqués apparaissent[3]. Les Grecs stockaient et transportaient l'eau vers les habitations. Archimède a révolutionné cette approche en inventant la vis qui permettait de pomper et de hisser l'eau. De plus, les Grecs ont conçu le système de siphon inversé, une innovation cruciale permettant aux canalisations de traverser les vallées profondes, là où la construction de ponts était impossible en raison de leur hauteur. Ainsi, grâce au siphon inversé, l'eau pouvait être acheminée efficacement vers des régions en altitude, facilitant l'accès à cette précieuse ressource. Il n'y a pas de grande civilisation sans maîtrise de l'eau. L'étude des cités disparues – d'Angkor aux Incas, en passant par les Mayas qui avaient inventé le plus ancien système de filtration d'eau connu – montre la grande maîtrise de la distribution d'eau par les architectes de ces cités.

Le développement de Rome, la Ville éternelle, est inextricablement lié à la domestication de l'eau. Durant l'Empire romain, chaque domicile était équipé d'un bassin permettant de recueillir les eaux de pluie, stockées ensuite dans des citernes pour un usage quotidien. Face à la pression démographique, les ingénieurs romains ont entrepris la construction d'aqueducs permettant d'acheminer l'eau vers la ville, dès 312 avant Jésus-Christ[4]. Ces aqueducs traversaient les campagnes sans les desservir en eau. L'archéologue Sandrine Agusta-Boularot parle d'« impérialisme hydrique[5] » : les aqueducs ne sont pas construits pour irriguer les campagnes mais pour desservir l'ensemble de la population romaine. L'eau est gratuite à Rome, sauf pour ceux qui en font commerce. Ainsi, la majorité des citoyens allaient à la fontaine pour s'alimenter en eau. En revanche, agriculteurs, artisans et industriels devaient payer un impôt sur leur utilisation. De même, les maisons des riches citoyens romains étaient pourvues d'eau courante en échange d'un paiement. L'eau était également utilisée pour les bains et les thermes, lieux de rencontre, de loisirs et d'échanges, ouverts à tous, où les Romains consommaient abondamment de l'eau[6]. L'intégration de l'eau, comme objet social, économique mais aussi culturel, au cœur de la cité est un des aspects marquants de la civilisation romaine[7].

Les Romains prennent aussi conscience de la nécessité d'avoir une eau de qualité dès le IIe siècle avant Jésus-Christ[8]. Pour repérer les eaux de source de qualité, ils observaient l'état de santé de la population avoisinante et choisissaient l'eau la plus claire possible[9]. Le transport s'effectuait dans un canal fermé, en pente et avec un débit élevé. À Rome, l'eau doit couler par excès car l'eau qui stagne est une eau qui porte des maladies.

Dans l'histoire de la gestion des eaux, les Romains jetaient les bases de la collecte des eaux usées en créant la *Cloaca Maxima*, vers 600 avant Jésus-Christ[10]. Ce vaste égout, s'étendant du centre du Forum au Tibre, fut agrandi de manière importante pour recueillir non seulement les eaux descendant des collines et du sol, mais aussi toutes les eaux usées, notamment celles des latrines. Les Romains ont progressivement transformé leurs égouts, d'abord à ciel ouvert, en structures souterraines pour des raisons d'hygiène. De la même manière que l'on ne peut dissocier Romulus et Remus, les Romains comprenaient que l'on ne pouvait dissocier l'eau de l'assainissement.

Au Moyen Âge, les villes, situées au bord de points d'eau, croissent[11]. Les plus riches se faisaient porter l'eau des rivières, ou la détournaient pour alimenter leurs habitations. Les systèmes d'évacuation des eaux sales des Romains n'étaient plus utilisés. L'eau des villes était alors souillée par les excréments et les ordures ménagères, mais aussi par les activités économiques artisanales. Les eaux pluviales, considérées comme plus saines que les eaux de rivières, étaient collectées par les habitants, et recueillies dans des tonneaux.

Sous l'Ancien Régime, les fontaines publiques ont été développées et étaient accessibles à tous. Comme au Moyen Âge, les personnes les plus aisées se faisaient amener l'eau par des porteurs. Les entreprises privées de l'eau émergent. La Compagnie des Eaux de Paris, fondée par les frères Périer en 1778, ambitionnait d'apporter l'eau à tous, avec des branchements sur la Seine. Elle a fait faillite en 1788, victime du manque d'entrain des Parisiens. La compagnie ne comptait que cinq abonnés en 1782 et les propriétaires étaient rebutés par le coût de l'abonnement et la mauvaise qualité de l'eau[12]. Les consommateurs, qui payaient volontiers les porteurs d'eau, n'imaginaient pas devoir payer le raccordement au réseau, ni même payer l'eau qui arrivait gratuitement à la fontaine publique[13].

Il faut attendre le XIXe siècle pour que l'accès au service d'eau basique soit généralisé dans la capitale française. À partir de 1830, les épidémies répétées de choléra et de typhoïde ont fait de l'eau un enjeu majeur dans les grandes villes des pays industrialisés, que cela soit à Berlin, Milan, Londres, New York ou Paris[14]. Plutôt qu'un système généralisé de distribution d'eau dans les maisons, un réseau de bornes-fontaines fut mis en place. Celles-ci se sont multipliées à Paris et ont permis plus tard de mettre sur pied le réseau d'eau à domicile, appelé « service privé »[15] de l'eau, en prolongeant les conduites déjà installées. Au milieu des années 1850, les réseaux d'eau se développaient dans la plupart des grandes villes françaises pour lutter contre les maladies.

Le développement des réseaux d'eau s'est inscrit aussi au sein de l'histoire de l'urbanisme[16]. La planification urbaine avait pour objectif de rendre la ville moins dense, d'optimiser la circulation des marchandises et des habitants, de rationaliser la voirie et de domestiquer les cours d'eau. Le baron Haussmann, préfet de la Seine, a confié à Eugène Belgrand la responsabilité du service des eaux et des égouts de Paris. Celui-ci a décidé d'allonger le réseau d'eau et d'assainissement, pour aller chercher l'eau et la rejeter après usage le plus loin possible[17]. 560 kilomètres de canalisations ont été posés à Paris à partir de 1869. Le système de canalisations de distribution a connu ensuite un essor extraordinaire. Petit à petit, les habitants des grandes villes ont accepté de payer pour avoir de l'eau à leur étage. En 1923, seulement 23 % des communes françaises disposaient d'un réseau de distribution d'eau potable à domicile. En 1980, tous les Français bénéficiaient de l'eau courante à domicile. La bataille de l'assainissement a commencé dans les années 1960.

La connaissance technique de la potabilisation de l'eau s'est améliorée avec le développement des réseaux au XIXe siècle : la filtration lente sur sable à grande échelle était utilisée à Londres dès 1852, à la suite de l'épidémie de choléra de 1847, puis dans les grandes villes françaises. La décantation et la coagulation ont amélioré la qualité de l'eau distribuée. Dès la fin du XIXe siècle, la microbiologie, sous l'impulsion des découvertes de Louis Pasteur ou de Robert Koch, se développe. Les filtres à eau pour éliminer les microbes sont utilisés. Au début du XXe siècle, le traitement physicochimique de l'eau est inventé (charbon actif, chlore, ozone, ultraviolets) et est généralisé après la Première Guerre mondiale[18]. L'amélioration des capacités en matière de filtration a profondément changé le paradigme de la production et de la distribution des eaux. Il n'était plus nécessaire de trouver des sources lointaines pures pour distribuer de l'eau de qualité. On pouvait désormais traiter l'eau sur place et la distribuer[19]. L'amélioration de la qualité de l'eau achève l'acceptation de la desserte à domicile par les usagers[20].

Cette brève histoire de l'accès à l'eau met en évidence deux éléments. En premier lieu, le développement des réseaux d'eau est une formidable histoire de développement et de diffusion des technologies. C'est le progrès technique qui a fait de la Mésopotamie le berceau de l'agriculture, puis qui a permis plus tard d'acheminer l'eau à Rome dans des aqueducs de plusieurs dizaines de kilomètres, et enfin d'amener l'eau directement dans les logements. Les progrès en matière de traitement de l'eau sont également le symbole de cette évolution technologique.

En second lieu, la construction des réseaux d'eau potable est aussi une histoire d'engagement, aussi bien du côté des compagnies privées que de l'administration, dont les idées ont permis de donner accès à l'eau potable à des milliards d'individus[21]. La création d'institutions de règlement des conflits d'usage il y a des milliers d'année en Mésopotamie et l'impulsion des dirigeants romains, ou des pouvoirs publics du XIXe siècle, autour de l'hygiénisme montrent bien l'engagement du politique dans les questions d'accès à l'eau[22].

L'eau, facteur de développement économique et humain

L'accès à l'eau potable est un puissant facteur de diminution de la mortalité. « Nous buvons 90 % de nos maladies », disait Louis Pasteur. Aux États-Unis, la mise en place de la filtration et de la chloration de l'eau explique la moitié de la baisse de la mortalité au cours du XXe siècle[23]. En Argentine, l'augmentation de l'accès au service public de l'eau dans les années 1990 a permis de faire baisser la mortalité infantile de 5 à 7 % dans les zones concernées, et même de 24 % dans les quartiers les plus pauvres[24].

Le traitement de l'eau pour la rendre potable est un moyen simple, maîtrisé et duplicable d'éliminer les bactéries et les pathogènes, et sauve ainsi des millions de personnes chaque année des maladies transmises par l'eau.

Bien que les technologies de traitement de l'eau soient maîtrisées depuis un siècle, des centaines de millions de personnes dans le monde n'en bénéficient toujours pas. Les premières victimes du manque d'eau sont les enfants pauvres : 446 000 enfants de moins de cinq ans meurent de diarrhée tous les ans[25], faute d'accès aux services d'hygiène. Quand ils ne meurent pas d'un état diarrhéique, les enfants n'ayant pas accès à une eau potable entrent en état de sous-nutrition, du fait du manque de nutriments ingérés pouvant améliorer leur santé. Dans les pays industrialisés, la part de morts que l'on peut attribuer à l'ingestion d'une eau non potable ne représente même pas 0,1 % des décès. En Inde, les maladies liées à l'eau représentent 6 % des décès[26]. On pourrait éviter des dizaines de millions de morts dans le monde en transférant simplement aux pays en développement une technologie maîtrisée depuis plus d'un siècle et peu coûteuse.

L'eau est un facteur de production vital : la diminution de sa disponibilité entraîne mécaniquement un ralentissement de la croissance économique. Il est difficile d'estimer précisément le coût réel du manque d'accès à l'eau car les effets sont multiples : mort prématurée, coûts de santé, manque de productivité, effet à long terme sur le niveau d'éducation, etc. Pour l'Afrique, les Nations unies estiment que le manque à gagner du mauvais accès à l'eau représente 5 % du produit intérieur brut[27]. Selon la Banque mondiale, certaines régions pourraient connaître des baisses du taux de croissance de 6 % du PIB d'ici à 2050, en raison du recul de la production agricole, de la santé et des revenus relatifs à la diminution de l'eau[28]. Les seules pertes agricoles liées aux changements de cycles hydrologiques entre 1983 et 2009 sont estimées à 166 milliards de dollars par le GIEC[29].

L'eau est devenue petit à petit un objet du développement humain mondial. En 2000, 193 États membres de l'Organisation des Nations unies ont adopté huit objectifs du millénaire pour le développement, consistant à résoudre d'ici à 2015 de grands enjeux humanitaires. L'objectif numéro 7, assurer un environnement humain durable, comprend une cible visant à « réduire de moitié, d'ici à 2015, la proportion de la population qui n'a pas accès à un approvisionnement en eau potable ni à des services d'assainissement de base », a quasiment été atteint. Entre 2000 et 2015, la proportion de personnes ayant accès à un service « de base » d'eau potable, c'est-à-dire au moins un accès à un puits d'eau potable à moins de trente minutes à pied aller-retour, est passée de 82 à 88 %. En revanche, pour l'assainissement, la tendance est beaucoup moins encourageante. En 2015, plus de 27 % de la population n'avait toujours pas accès à un service d'assainissement basique. Cette même année, près de 900 millions pratiquaient encore la défécation à ciel ouvert[30].

Les objectifs du millénaire pour le développement ont été transformés en 2015 en 17 objectifs du développement durable, à atteindre d'ici à 2030. L'eau a été promue : de simple cible au sein d'un objectif du millénaire pour le développement, elle devient un objectif de développement durable en soi. Le sixième objectif de développement durable prévoit l'accès à l'eau salubre et à l'assainissement pour tous. On note une ambition beaucoup plus élevée que dans les précédents objectifs : il ne s'agit plus de réduire de moitié la proportion actuelle de la population n'ayant pas accès à l'eau et à l'assainissement, mais bien de couvrir l'ensemble de la population mondiale. L'eau est aussi associée à la réalisation d'autres objectifs de développement durable, notamment en matière de santé, d'éducation ou d'environnement.

L'accès à l'eau potable devient un droit humain fondamental avec la résolution du 28 juillet 2010 de l'Assemblée générale de l'Organisation des Nations unies : « Le droit à une eau potable propre et de qualité et à des installations sanitaires est un droit de l'homme, indispensable à la pleine jouissance du droit à la vie »[31]. L'accès à suffisamment d'eau représente un approvisionnement de 50 à 100 litres par personne par jour, à moins de mille mètres du logement et à quinze minutes de marche du lieu d'habitation. L'accent sur la qualité de l'eau met en avant la question de l'assainissement, sur laquelle les retards accumulés sont très importants. L'accès à l'eau est aussi reconnu comme une condition préalable à tous les droits fondamentaux. L'usager qui utilise de l'eau potable doit supporter un coût, mais celui-ci doit être abordable.

L'histoire de l'eau est celle d'une action collective, d'un engagement pour la collectivité et du futur que nous voulons atteindre[32]. À Rome, l'accès à une eau de qualité gratuite répond aux principes de salubrité et de nécessité. Ces deux principes renvoient à la fois à la santé publique et à la liberté individuelle, dont l'État s'impose comme le médiateur[33]. Les objectifs du développement durable vont dans ce sens : l'accès à l'eau n'est pas seulement un facteur économique et social, c'est un droit humain. Ces vingt dernières années, malgré la reconnaissance de l'accès à l'eau comme un élément essentiel du développement économique et un droit humain, les progrès ont été insuffisants, et les inégalités demeurent, voire s'accentuent. Les inégalités de développement humain se reflètent dans l'eau.

L'eau, reflet des inégalités

Dans les zones rurales des pays en développement, les femmes sont les principales porteuses d'eau et passent un temps considérable à effectuer cette tâche[34] ; les enfants, particulièrement les petites filles, sont aussi largement mobilisés dans le transport de l'eau[35]. Dans la région de Kaffrine, au centre du Sénégal, des générations de femmes ont passé leur jeunesse à se lever à quatre heures du matin pour faire des allers-retours vers le puits. Dans cette région, l'organisation non gouvernementale Vision du monde a connecté quasiment l'ensemble de la population au réseau d'eau en une quinzaine d'années. Le taux de scolarisation a triplé entre 2007 et 2017, passant de 15 à 44 %[36]. Au niveau mondial, dans les ménages où il n'y a pas l'eau courante, les femmes et les filles sont donc les principales responsables de la collecte des eaux.

Les villes sont aussi frappées par le manque d'accès à l'eau. Un quart des habitants des villes dans le monde – quasiment 800 millions de personnes[37] – vit sans accès à des réseaux d'assainissement fiables. 27 % des citadins n'ont pas l'eau courante chez eux. Alors que la population urbaine s'agrandit, il est nécessaire de connecter de plus en plus de personnes aux réseaux d'eau. En Afrique, où la population urbaine représentera 50 % du continent en

2050, la majorité de la population urbaine vit actuellement dans des bidonvilles. Seulement un peu plus d'un tiers des citadins vit dans un logement connecté à un réseau d'eau. En Asie, le continent des mégapoles, ces villes de plus de dix millions habitants, 43 % de la population urbaine vit dans des bidonvilles, avec un accès limité à l'eau potable.

Les pauvres des villes ne sont pas connectés au réseau d'eau et doivent donc acheter de l'eau à des vendeurs informels. Ceux-ci vendent de l'eau à l'arrière d'un camion, dans des kiosques à eau, ou vendent l'eau directement du puits ou du forage dont ils ont la propriété (ou non), en dehors de tout contrôle sanitaire réglementaire. La pratique est tellement répandue dans les pays en développement que les marchands informels ont une dénomination institutionnelle, les « petites entreprises urbaines de l'eau ». La pratique est commune à travers le monde : 30 % de la population d'Asunción au Paraguay et de Manille aux Philippines y a recours, et la majorité des habitants d'Amman en Jordanie, de Lagos au Nigeria, ou encore de la population urbaine du Kenya utilise de l'eau vendue par des marchands informels[38; 39].

Paradoxe du développement économique qui accompagne l'étendue de ces villes, les pauvres paient l'eau beaucoup plus cher que les riches. Les prix fixés par les vendeurs informels sont largement plus élevés que le prix de l'eau du robinet. À Nairobi, la capitale du Kenya, les vendeurs informels vendent l'eau 10 à 25 fois plus cher que l'eau du robinet. Les habitants des bidonvilles de Nairobi dépensent un tiers de leurs revenus dans l'achat d'eau. En Papouasie-Nouvelle-Guinée, acheter 50 litres d'eau représente environ 50 % du salaire journalier d'un habitant. En comparaison, 50 litres d'eau du robinet constituent à peine 0,1 % du salaire journalier d'un Américain.

Les inégalités d'accès à l'eau sont tout aussi importantes dans les pays industrialisés. Souvent oubliée, l'eau est loin derrière le logement, l'alimentation ou la téléphonie en matière de dépenses contraintes. Néanmoins, on constate de grandes disparités aussi bien entre riches et pauvres qu'entre zones urbaines et rurales.

Aux États-Unis, les quartiers les plus pauvres souffrent d'un moindre accès à l'eau, et le nombre de violations de la qualité de l'eau y est le plus élevé[40], en raison de sous-investissements chroniques dans les infrastructures[41]. Dans les cinquante plus grandes villes métropolitaines des États-Unis, plus d'un million d'individus n'a pas accès à l'eau potable[42]. Ces individus sont majoritairement de couleur, locataires, à bas revenus, et consacrent la moitié de leurs revenus à leur loyer. Dans des villes comme San Francisco où les loyers ont explosé ces vingt dernières années, le nombre de ménages n'ayant plus accès à l'eau potable explose. Plus de 25 000 personnes n'y ont pas accès dans la seule ville de New York. En 2016, la dernière estimation connue, 15 millions de personnes – un Américain sur vingt – ont eu l'eau coupée, faute de pouvoir payer leur facture[43]. Dans vingt et un États des États-Unis, le fait pour des parents de ne pas pouvoir donner accès à l'eau est considéré comme une négligence vis-à-vis de leur enfant, ce qui déstabilise de nombreuses familles et creuse encore plus les inégalités sociales[44].

On ne peut évoquer les inégalités d'accès à l'eau aux États-Unis sans parler de la crise sanitaire de Flint. En avril 2014, la municipalité de Flint, dans le Michigan, a décidé de changer sa source d'approvisionnement de l'eau pour réaliser des économies. Quasi instantanément, les habitants ont commencé à dire à leurs élus que l'eau était marron, qu'elle avait un goût de métal et que son ingestion donnait des plaques sur la peau. Le réseau de la ville étant vétuste, le plomb avait coulé dans la rivière et était présent dans l'eau ingérée par les résidents. La ville ne contrôlait pas la corrosion de l'eau de la rivière. L'effet à long terme sur la population est effrayant : 30 000 enfants ont ingéré une neurotoxine ayant des effets notoires sur le développement cérébral et le système nerveux[45]. Le débat a été national et les victimes toucheront 600 millions de dollars de l'État du Michigan.

Un rapport officiel montre l'importance de la pauvreté et des discriminations raciales dans la gestion de la crise d'eau de Flint. Le rapport dit que « les résidents de Flint, qui sont majoritairement noirs et africains-américains, et parmi les plus pauvres de toutes les zones métropoles américaines, n'ont pas bénéficié du même degré de protection vis-à-vis des risques environnementaux et sanitaires, que celui qui est donné à d'autres communautés ». Les habitants ont tenté en vain d'alerter leurs élus, leur administration et les médias, mais personne ne les a entendus : le gouverneur de l'État a ignoré les appels des communautés locales, l'agence fédérale n'a pas été assez réactive, les responsables municipaux n'ont pas voulu faire marche arrière pour économiser. Le fait que la population soit majoritairement noire et pauvre fait que tout le système de contrôle a été laxiste.

En Europe aussi, l'eau est au cœur des inégalités. Les ménages européens consacrent de 1 à 5 % de leur revenu à la facture d'eau et d'assainissement. La France se situe au milieu de la distribution européenne avec une facture d'eau moyenne qui représente 2,86 % du revenu. En Hongrie, en Finlande ou en Pologne, les ménages y consacrent plus de 4 % de leur revenu[46]. À partir de quel seuil peut-on considérer qu'un ménage éprouve des difficultés à payer sa facture d'eau ? Il est couramment admis que les ménages qui consacrent plus de 3 % de leur revenu au règlement de leur facture d'eau sont susceptibles de rencontrer des difficultés pour payer leur eau. L'utilisation de ce seuil de 3 % dans les années 2000 indiquait que l'inaccessibilité financière à l'eau concernait moins de 5 % des ménages en France[47]. Les estimations récentes, basées sur des données d'enquête au niveau des ménages, indiquent que les problèmes d'inaccessibilité touchent plutôt 25 % des ménages français[48]. Étant donné que la consommation d'eau dépend principalement de la taille du ménage, ce sont les familles nombreuses les plus pauvres qui sont les plus vulnérables au risque d'inaccessibilité financière à l'eau.

Alors qu'en France la qualité de l'eau avait été améliorée dans tout le pays, une crise sans précédent se profile aujourd'hui. En septembre 2022, le journal *Le Monde* a révélé qu'environ 20 % des habitants de métropole ont reçu régulièrement ou épisodiquement une eau ne répondant pas aux critères de qualité. Cela est dû à la présence d'une molécule issue d'un pesticide dans les ressources hydriques, une substance non contrôlée dans l'eau avant 2021. Les régions et les départements les plus touchés sont souvent ceux où les revenus sont les plus faibles. Par exemple, 43 % de la population bretonne, 71 % de la population du Gers, ou encore 25 % de la population des Pays de la Loire sont concernés par des non-conformités[49]. Ce scandale, dont on ne mesure pas encore la portée en termes de santé publique, révèle aussi les inégalités entre régions en termes de mesure et d'accès à l'information sur les résultats des tests de conformité.

Dans les régions économiquement plus défavorisées, non seulement la qualité des services d'eau est souvent inférieure, mais, en plus, la population est complètement ignorée et n'a aucune « voix », pour reprendre les termes d'Albert Hirschman[50]. Comme le dit l'adage : « Montre-moi un service qui n'est utilisée que par des pauvres, et je te montrerai un service médiocre. » À Flint comme ailleurs, quand l'eau vient à manquer, les plus riches peuvent acheter de l'eau en bouteilles ou déménager. Les plus démunis n'ont pas cette option et sont contraints de continuer à utiliser l'eau du robinet. Ils ne peuvent pas « sortir » du marché comme le font les riches. Quand une commune riche connaît une dégradation de la qualité des services publics, les plaintes des habitants sont immédiatement prises en compte car les riches ont une voix influente. De leur côté, les personnes à faible revenu ne sont pas entendues.

Les pénuries d'eau accentuent les inégalités

Selon l'Organisation des Nations unies, d'ici à 2025, deux tiers de la population mondiale habiteront dans une région en stress hydrique[51]. Les régions les plus frappées par le manque d'eau sont l'Afrique du Nord, le Moyen-Orient, l'Asie de l'Ouest et de l'Est, le sud-ouest des États-Unis, et la côte ouest de l'Amérique du Sud. Le stress hydrique va renforcer les inégalités d'accès à l'eau, entre pays industrialisés et pays en développement, mais aussi au sein de chaque pays, entre riches et pauvres et entre régions. Les experts du GIEC estiment que les changements hydrologiques causés par le changement climatique multiplieront par sept les demandes d'asile dans l'Union européenne. Les déplacements internes de population, au sein des régions subsahariennes, d'Asie du Sud et d'Amérique latine seront multipliés par cinq.

L'Afrique du Sud a fait l'expérience du stress hydrique extrême et du creusement des inégalités qui en découle entre 2018 et 2020. En février 2018, le gouvernement a décrété l'état de catastrophe naturelle alors que quatre provinces enregistraient leur plus bas niveau de précipitations depuis 1921. Afin d'éviter le « jour zéro », le jour où l'eau cesserait de couler du robinet, le gouvernement a d'abord mis en place des restrictions dans les principales villes du pays en rationnant la consommation d'eau. Le prix de l'eau a été multiplié par six pour limiter la consommation. Mais face à une vague de chaleur historique en 2018 et 2019, plusieurs zones du centre et du nord du pays ont été carrément privées d'eau. Dès avril 2018, la ville du Cap a lancé un compte à rebours pour signifier la date d'interruption de la fourniture d'eau à domicile. À partir d'août 2018, l'armée a pris en charge la distribution d'eau aux habitants autour de deux cents points d'eau. Les agriculteurs ont dû réduire leur usage d'eau de 60 % et les autres professions de 45 %. On a demandé aux ménages de récupérer de l'eau de pluie quand ils le pouvaient, ce qui était simple pour la population aisée vivant dans des villas, mais impossible pour les populations pauvres vivant dans des immeubles collectifs. Les plus pauvres se sont improvisés porteurs d'eau quand certains riches jouissaient de puits artésiens sur leur terrain. La crise hydrique du Cap doit nous sensibiliser à ce qui pourrait bientôt nous arriver en Europe. En effet, le climat du Cap est méditerranéen, son urbanisation est très similaire à certaines villes européennes, et malgré les inégalités importantes que connaît l'Afrique du Sud, son niveau de vie est comparable à celui du Vieux Continent.

Si quasiment toutes les mégapoles mondiales sont exposées au stress hydrique, les plus démunis seront plus fragilisés par le manque d'eau, étant incapables de payer leurs factures ou leur raccordement au réseau. Aux États-Unis, le changement climatique entraîne déjà une crise invisible de l'eau. Le prix de l'eau a été multiplié quasiment par trois entre 2000 et 2020, et augmente deux fois plus vite que l'indice des prix à la consommation. À Austin, au Texas, la facture d'eau annuelle moyenne est passée de 566 dollars à 1 435 dollars entre 2010 et 2018. Sur la même période, la facture annuelle a augmenté de 640 dollars à La Nouvelle-Orléans, de 830 dollars à Cleveland et de 531 dollars à San Diego. À Cleveland et à La Nouvelle-Orléans, plus du tiers des ménages sont exposés au risque de ne pas pouvoir payer leur facture d'eau ; certains doivent même s'endetter pour payer leur facture[52]. Avec de telles augmentations du prix de l'eau, dans certaines grandes villes américaines, la totalité des ménages à bas revenus seront exposés à un risque de ne plus pouvoir payer leur facture d'eau[53].

L'augmentation du prix de l'eau est en partie liée à la nécessité d'adapter l'infrastructure au changement climatique, en améliorant le contrôle de la qualité de l'eau et son traitement, mais aussi en rendant l'infrastructure plus résiliente au changement climatique, notamment à la sécheresse et aux inondations. D'ici à 2050, la demande d'eau devrait augmenter de 20 à 30 % par rapport au niveau de 2010, avec un pic de demande en Afrique (+ 60 %), en Amérique du Sud (+ 50 %) et en Asie (+ 30 %)[54]. Les personnes les plus vulnérables économiquement et socialement – les femmes, les pauvres, les enfants, les indigènes – seront encore plus touchées par le manque d'eau. C'est pour cette raison que le GIEC appelait dès son rapport de 2007 à la connexion des ménages aux services d'eau comme un préalable permettant ensuite d'assurer l'adaptation au changement climatique[55]. Dans les régions qui connaîtront les augmentations les plus fortes de demande en eau, où le développement économique est loin d'être achevé, l'accès à l'eau doit dès aujourd'hui être une priorité, sinon l'adaptation au changement climatique ne sera pas possible.

Le développement historique des réseaux d'eau a été fait à l'aide de trois « génies », pour reprendre les termes de Bernard Barraqué, spécialiste de la gestion de l'eau urbaine[56]. Le génie civil a permis d'augmenter la quantité d'eau offerte. Le génie sanitaire a amélioré la qualité de l'eau. Le génie environnemental a pour objectif de prévenir la pollution de l'eau et d'éviter une surexploitation des ressources. Ces trois génies doivent être aujourd'hui interconnectés : il faut continuer à promouvoir l'accès à l'eau dans le monde, tout en améliorant la qualité de l'eau et en protégeant les ressources, pour éviter la fin de l'eau.

L'eau représente aujourd'hui trois enjeux : elle doit être disponible en quantité suffisante, de bonne qualité et être abordable pour tous. On ne peut pas évoquer la question des inégalités d'accès à l'eau sans évoquer la notion de justice[57]. Celle-ci, dans ses différentes formes, doit être au cœur des problématiques relatives à l'eau. Refuser d'alimenter les quartiers les plus pauvres ou s'organiser pour ne pas desservir ces quartiers constitue un cruel manque de justice. De même, les individus doivent être associés à l'élaboration des décisions qui les concernent, et l'application des lois ne peut pas être différente selon les caractéristiques de la population. Le génie humain nous a permis jusqu'à présent de gérer la quantité et la qualité de l'eau, mais nous n'avons pas encore réussi à garantir l'accès à tous de façon équitable.

Le philosophe américain John Rawls[58] soutenait que les principes de justice devaient être choisis derrière un « voile d'ignorance ». Dans une célèbre expérience philosophique, Rawls proposait aux individus d'occulter leur propre position dans la société et de prendre des décisions relatives à l'équité comme s'ils pouvaient occuper n'importe quelle position sociale. La métaphore du voile d'ignorance renvoie au fait qu'un individu n'a aucune idée de la société dans laquelle il pourrait naître. Sans connaître ses actifs financiers et ses compétences, un individu préférera toujours la société la plus équitable, c'est-à-dire donnant accès aux mêmes libertés à tous les individus et promouvant l'égalité des chances. Rawls met en avant l'importance des « biens premiers », comme l'éducation et la santé, qui doivent être à la disposition de tous pour garantir la justice. L'accès à l'eau est un de ces biens premiers. Derrière le voile d'ignorance, préféríez-vous habiter dans une société où l'accès à l'eau est garanti, ou dans une société où vous devriez parcourir de longues distances chaque jour pour puiser une eau qui peut vous rendre malade ?

Chapitre 3

L'eau, une source de conflits

L'histoire de l'eau est autant une histoire de coopération que de conflits. 30 % des frontières entre États sont des cours d'eau[1]. L'eau est une frontière et représente donc un potentiel de coopération, autant qu'elle peut être une source de conflits.

Le terme « riverains » vient d'ailleurs du latin *rivalis*, qui dénomme les personnes qui tirent leur eau d'un même puits. Disponible en quantité fixe à un endroit donné, la confiscation de l'eau, sa surutilisation ou sa pollution peuvent priver d'autres d'y avoir accès[2]. L'eau porte en elle-même le conflit d'usage.

Il n'est pas rare d'entendre des prophéties autour des guerres de l'eau. « Si les guerres du XXe siècle ont été menées pour le pétrole, les guerres du XXIe siècle auront l'eau pour enjeu », avait déclaré en 1995 le vice-président de la Banque mondiale, Ismaïl Serageldin. Boutros Boutros-Ghali, qui fut secrétaire général des Nations unies, avait déclaré en 1985 lorsqu'il était ministre égyptien des Affaires étrangères que la prochaine guerre du Moyen-Orient serait menée pour l'eau, non pour la politique. Dans l'histoire, l'eau est une variable des guerres, dont elle est tantôt l'outil, tantôt la victime, plus que la raison même de la guerre[3].

Sa raréfaction fait de l'eau un enjeu de rivalités croissantes. Il faut donc se préparer à des conflits d'usage qui deviendront de plus en plus nombreux, aussi bien au sein de chaque État qu'entre États. Les conflits d'usage transfrontaliers ont été largement étudiés mais leur gouvernance fait encore défaut. En revanche, les conflits d'usage internes à chaque État sont mal connus et intéressent peu, alors même qu'ils risquent de se multiplier. Symbole de la lutte altermondialiste, la lutte contre les entreprises privées de l'eau montre que l'on ne peut totalement déconnecter l'échelon local du niveau mondial et que certains conflits peuvent s'embraser et se déplacer.

Les conflits autour des cours d'eau internationaux

Les États sont en première ligne de la naissance et de la résolution des conflits relatifs à l'eau. La rareté croissante pourrait conduire les États riverains à affirmer davantage leur souveraineté sur cette ressource. Kofi Annan, ancien secrétaire général de l'ONU, avait déclaré : « La concurrence féroce que se livrent les pays pour les ressources en eau fait craindre que cet enjeu renferme les germes de conflits violents[4]. »

Cent dix-huit pays ont un fleuve s'écoulant sur leur territoire en provenance d'un pays en amont. 40 % de la population mondiale vit le long des 263 cours d'eau internationaux que compte le monde[5]. Ces cours d'eau transfrontaliers génèrent 60 % de l'eau douce. Le potentiel de coopération est donc important mais les États n'ont pas pleinement utilisé les outils à leur disposition… comme s'ils se réservaient le droit d'entrer éventuellement en conflit pour l'eau. La gouvernance de l'eau transfrontalière doit donc être développée pour éviter de futurs conflits d'usage internationaux.

Des tensions récurrentes autour de l'eau

Les États entrent souvent en conflit à propos de la gestion des cours d'eau. Les conflits sont récurrents entre les pays en amont, dits « hydrodominants », et ceux en aval, appelés « hydrodominés ». Les pays en amont ont généralement un avantage car ils peuvent couper l'arrivée d'eau aux pays en aval ou polluer la source. De tels conflits ont par exemple opposé l'Inde et le Bangladesh (Gange), la Turquie, la Syrie et l'Iraq (Euphrate), l'Argentine, le Brésil et le Paraguay (Paraná), mais aussi la France aux Hollandais (Rhin).

L'histoire de l'Indus, fleuve long de 2 900 kilomètres, allant du Tibet à la mer d'Oman, en traversant le Pendjab indien et le Sind pakistanais, est une formidable illustration de la coopération et des conflits autour de l'eau douce[6].

Lors de l'indépendance de l'Inde et du Pakistan en 1947, les Britanniques ont partagé le bassin fluvial en fonction des territoires d'implantation des populations hindoues et musulmanes, sans prendre en considération les critères topographiques et l'infrastructure[7]. Le Pakistan a récupéré les terres irriguées tandis que l'Inde a récupéré les barrages et le contrôle des systèmes de canaux dérivés, pouvant ainsi empêcher toute irrigation côté Pakistan. Inhabitués à coopérer, les tensions entre les deux États nouvellement créés ont été importantes, résultant en une flambée de violence faisant un million de morts et quinze millions de déplacés entre les deux pays[8].

Mais les deux voisins n'avaient pas d'autres choix que de coopérer. En 1960, avec l'aide de la Banque mondiale, le Premier ministre indien Jawaharlal Nehru et son homologue pakistanais Ayub Khan signent le traité des eaux de l'Indus. Des mécanismes d'arbitrage sont mis en place pour éviter toute menace existentielle. Symbole de son succès, la commission de l'Indus a résisté à trois guerres entre les deux États (1965, 1971, 1999) et à de multiples confrontations.

Contrairement à ce que l'on peut croire, on observe plus souvent une coopération sur l'eau en temps de guerre que des guerres de l'eau. L'Inde et le Pakistan ne sont pas les seuls ennemis historiques à avoir conclu des accords sur le partage des ressources hydriques qui ont tenu pendant des guerres. La Commission du Mékong, créée en 1957, a permis au Cambodge, au Laos, à la Thaïlande et au Vietnam de coopérer depuis la signature, y compris pendant la guerre du Vietnam.

Mais chaque État cherche aussi à protéger son mode de vie et à accaparer la ressource. Si la coopération n'a pas lieu, c'est une insécurité économique et environnementale permanente qui s'installe, plus qu'un conflit armé[9], comme on peut l'observer actuellement autour du Nil.

Le Nil est le plus long fleuve du monde[10]. Dans l'imaginaire collectif, dopé par la mythologie égyptienne et les romans d'Agatha Christie, le Nil ne fait qu'un avec l'Égypte. Pourtant, géographiquement, le Nil traverse dix autres pays, et il prend sa source à deux endroits différents. Le Nil Bleu vient du lac Tana en Éthiopie et le Nil Blanc a sa source lointaine au Rwanda. L'Éthiopie contribue pour 90 % du volume du fleuve.

En 1902, un accord relatif aux frontières entre le Soudan anglo-égyptien, l'Éthiopie, l'Érythrée fut signé à Addis-Abeba entre le Royaume-Uni et l'Éthiopie, et entre l'Éthiopie et l'Italie. Dans cet accord, l'empereur d'Éthiopie s'engageait à ne pas autoriser l'édification d'ouvrages en amont qui pourraient interrompre le débit de leurs eaux dans le Nil, sans l'accord de Londres et du gouvernement du Soudan[11].

La suite est une série d'accords excluant l'Éthiopie[12]. En 1906, un accord tripartite entre la France, l'Italie et le Royaume-Uni reconnaît à ce dernier des droits sur le bassin supérieur du Nil. En 1925, Britanniques et Italiens se partagent l'usage des eaux d'un affluent du Nil. En 1929, puis en 1959, l'Égypte et le Soudan signent des accords de partage du Nil en laissant de côté l'Éthiopie.

Pour apaiser les tensions dans la région, l'initiative du Bassin du Nil, lancée en 1999 et soutenue par la Banque mondiale et le Programme des Nations unies pour le développement, regroupe les dix États riverains du Nil. Son objectif est d'atteindre un développement soutenable par une utilisation raisonnable des eaux du Nil. L'initiative prévoit une prise de décision à l'unanimité qui favorise le *statu quo* pour l'Égypte.

Mais le pouvoir tourne. En parallèle de l'initiative du bassin du Nil, six pays hydrodominants, dont l'Éthiopie, ont signé en 2010 un accord-cadre de coopération dans le bassin du fleuve du Nil, leur permettant de développer des projets sur le fleuve à la majorité des voix, donc sans avoir à solliciter l'accord de l'Égypte. En 2011, l'Éthiopie rend public son projet de construction d'un grand barrage, dénommé « Renaissance », pour exploiter le débit du Nil Bleu à son avantage. Le barrage éthiopien pose un problème de sécurité à l'Égypte, située en aval et donc hydrodominée par l'Éthiopie : 95 % de l'alimentation en eau de l'Égypte vient du Nil[13]. L'Égypte a d'ailleurs saisi le Conseil de sécurité de l'ONU sur la question du barrage éthiopien mais celui-ci a appelé à reprendre les négociations, sous l'égide de l'Union africaine.

Alors que l'Éthiopie a mené sa dernière phase de remplissage du barrage de la Renaissance, l'équilibre entre le Soudan, l'Égypte et l'Éthiopie est encore à trouver. Les conflits au Soudan retardent la mise en place d'un accord, mais les discussions entre les trois États ces dix dernières années montrent qu'ils ne sont pas en capacité de s'entendre. Ce manque de coopération sur l'eau pose des questions : pourquoi la gouvernance de l'eau transfrontalière est-elle si peu développée ?

Une gouvernance de l'eau transfrontalière qui reste à construire

Un des autres éléments de stress est que la plupart des pays manquent d'accords de coopération opérationnels sur les ressources en eau partagées, qui sont une source potentielle de conflit. La coopération en matière d'eau est d'ailleurs un des sous-indicateurs de l'Objectif de développement durable n° 6, relatif à l'eau potable et à l'assainissement. En Amérique du Nord et en Europe, la plupart des eaux transfrontalières sont couvertes par des accords de coopération. C'est exactement l'inverse dans le reste du monde, où les accords de coopération sont l'exception plus que la règle[14]. Pourtant, les conventions mondiales sur l'eau offrent un cadre légal pour renforcer la coopération internationale sur ces ressources[15].

Les accords entre États autour de l'eau existent mais n'intègrent souvent pas l'ensemble des États concernés. 40 % des bassins transfrontaliers bénéficient d'accords de gestion coopérative. 80 % des accords existants n'engagent que deux pays même si le cours d'eau traverse d'autres territoires[16]. Les États parties des accords prennent soit des décisions informelles avec les États non signataires, soit ne prennent pas en considération les États non parties.

Les accords présentent aussi souvent des lacunes importantes et ne sont donc pas opérationnels. Certains traités ne prennent pas en compte les variations à long terme de la disponibilité en eau, et ne prévoient pas des révisions des allocations permettant la durabilité de la ressource et la protection de l'écosystème. Le juste équilibre entre les États concernés n'est donc pas préservé par les accords, ce qui les rend peu opérationnels.

D'autres accords sont trop flous pour être correctement mis en œuvre. Par exemple, le Chili et l'Argentine, qui partagent 5 000 kilomètres de frontières, ont signé un protocole de partage des ressources hydriques en 1991. Le protocole prévoit que les deux pays doivent travailler ensemble pour des plans généraux d'utilisation des ressources communes[17]. Mais les deux États continuent de débattre sur la notion vague de « plans généraux d'utilisation » depuis plus de trente ans, rendant l'accord inopérant.

Deux conventions internationales importantes ont été portées par les Nations unies. La première est la convention sur la protection et l'utilisation des cours d'eau transfrontières et des lacs internationaux, dite « convention d'Helsinki » de 1992. Elle met en avant trois piliers : la prévention, la maîtrise et la réduction de l'impact transfrontière ; la garantie d'un usage raisonnable et équitable ; la coopération par l'intermédiaire d'organes communs. La deuxième convention sur le droit relatif aux utilisations des cours d'eau internationaux à des fins autres que la navigation, dite « convention de New York » de 1997, intègre différents piliers permettant de garantir une coopération entre les États signataires : ne pas causer de dommages significatifs aux autres États ; prévenir, réduire et maîtriser la pollution ; anticiper d'éventuels dégâts ; échanger l'information et notifier les mesures planifiées pour prévenir les États voisins en cas d'urgence[18]. Les parties à la convention s'engagent aussi à créer des mécanismes conjoints de gestion et consentent à régler leurs différends par des moyens pacifiques.

Ces deux conventions offrent des bases importantes au droit international mais elles reflètent aussi le manque de coopération internationale sur le sujet de l'eau. La convention d'Helsinki ne compte que cinquante-deux parties, essentiellement européennes. La convention de New York n'est signée que par 16 États et seulement 24 l'ont acceptée[19]. Elle n'est entrée en vigueur qu'en 2014. Les États hydrodominants, comme la Chine ou la Turquie, et les principales puissances mondiales non européennes, notamment les États-Unis, n'y ont pas adhéré, craignant que la convention ne donne raison à l'une ou à l'autre des parties dans les conflits en cours.

Il faut néanmoins promouvoir l'adoption des conventions internationales. L'Union européenne peut jouer un rôle actif dans cette fonction. En effet, dans de nombreuses configurations, les conventions internationales sur l'eau pourraient permettre de prévenir la dégradation de la biodiversité et de protéger l'eau de la pollution, tout en renforçant les relations diplomatiques entre les États. Par exemple, de nombreux petits cours d'eau internationaux n'ont pas une importance politique suffisante pour que les gouvernements adoptent des accords transfrontaliers. C'est le cas du fleuve Fly, situé en Papouasie-Nouvelle-Guinée mais qui franchit la frontière avec la Nouvelle-Guinée occidentale, sous souveraineté indonésienne. Indispensable à la biodiversité et aux populations locales, la convention de New York permettrait de bien gérer le fleuve.

Une gouvernance des aquifères transfrontaliers à développer

Il y a 592 systèmes d'aquifères transfrontaliers. Comme pour les cours d'eau et les lacs transfrontaliers, l'Amérique du Nord et l'Europe sont avancés en matière d'arrangements opérationnels sur les aquifères transfrontaliers. 70 % ou plus de la superficie de ces aquifères sont couverts par des accords. En revanche, dans le reste du monde, à l'exception de l'Afrique, moins de 30 % de la superficie des aquifères transfrontières est couverte par un accord transfrontalier[20].

Comment peut-on expliquer un tel écart ? L'eau souterraine est toute aussi importante dans les climats arides que l'on retrouve dans une grande partie du reste du monde, mais souvent les données manquent, ou les accords font défaut faute de diplomatie. Pourtant, les aquifères transfrontaliers n'y sont pas plus rares… En Afrique, en Amérique latine, au Moyen-Orient et en Asie du Sud-Est, de nombreux aquifères sont transfrontaliers. Le sous-sol de l'Amazonie, par exemple, regorge d'eau dans son sous-sol et s'étend à tous les pays latino-américains qui ont une frontière commune avec le bassin amazonien.

Alors que la ressource eau diminue, la gouvernance des accords transfrontaliers doit être encouragée. En effet, une surutilisation de la ressource de l'aquifère d'un côté de la frontière peut abaisser le niveau de l'autre côté de la frontière, réduire le débit de certaines rivières ou perturber l'écosystème de l'aquifère pour l'ensemble des parties. La salinisation et la pollution sont aussi des enjeux importants.

Peut-on aller vers plus de coopération en matière d'aquifères transfrontaliers ? Comme pour les eaux transfrontalières, le Sénégal a montré l'exemple. La Charte des eaux du fleuve Sénégal, signée en 1972 par le Mali, la Mauritanie et le Sénégal a, permis la mise en valeur du fleuve Sénégal autour du triptyque eau, paix et sécurité, avec des financements partagés. En 2021, la Gambie, la Guinée-Bissau, la Mauritanie et le Sénégal ont signé une déclaration sur une coopération institutionnelle transfrontalière autour de l'aquifère mauritano-sénégalais. Un mécanisme de gestion concertée et durable de la ressource sera mis en place.

Compte tenu de l'importance de ressources souterraines d'eau douce, qui fournissent une grande partie de l'eau potable, une meilleure gouvernance des aquifères est à rechercher. Cela serait aussi une manière de revaloriser une ressource qui est largement oubliée car invisible[21].

Les conflits entre usagers : trois illustrations

Les méga-bassines en France

En France, la gestion de l'eau est un sujet de tensions croissantes entre usagers. L'agriculture a besoin d'eau quand les cours sont à sec, empêchant certaines activités récréatives. Les centrales nucléaires peuvent être contraintes de réduire leurs prélèvements d'eau en cas d'étiage sévère, comme cela a été le cas pendant l'été 2022. Les agriculteurs mettent en avant leur relation à la nature et à la souveraineté alimentaire et demandent que leur activité économique soit reconnue comme étant prioritaire face à l'industrie et aux activités récréatives. Les citoyens remettent en cause les pratiques agricoles dans certaines régions. Dans le bassin méditerranéen, les périodes touristiques coïncident avec les périodes de sécheresse… La tension est palpable et les conflits d'usage vont être de plus en plus fréquents.

Depuis 2022, les retenues de substitution, ce que l'on appelle des « méga-bassines », font débat en France. Essentiellement utilisées pour l'irrigation, leur principe est simple : il s'agit de créer des réservoirs d'eau, remplis en hiver, en dérivant des cours d'eau ou en pompant dans les rivières et les nappes. L'eau stockée en hiver est utilisée en été, ce qui permet d'éviter de prélever de l'eau dans le milieu en période estivale, tout en maintenant la production agricole. Leur taille s'étend en moyenne sur huit hectares, ce qui correspond à dix terrains de football. Une telle pratique est soumise à autorisation et peut être subventionnée par de l'argent public.

Depuis les années 1990, les retenues d'eau se multiplient en France, sans que l'on ait de statistiques précises sur leur nombre. Au début des années 2000, on comptait plus de 125 000 retenues d'eau de petite taille sur le territoire français[22]. Le Varenne agricole de l'eau recense plus de 350 000 plans d'eau supérieurs à 0,1 hectare. Une estimation à l'aide d'images satellites en identifie 600 000[23]. Les retenues d'eau individuelles pour l'agriculture, qui consistent à capter l'eau d'une source ou d'un cours d'eau, sont courantes mais elles ne sont pas recensées.

Parmi les ouvrages de retenues d'eau plus établis, les retenues collinaires sont en principe alimentées par le ruissellement de l'eau. L'eau des barrages, une autre forme de retenue, est aussi utilisée en partie pour l'agriculture. Contrairement aux retenues de substitution, ces retenues ne remplacent pas un prélèvement estival.

Les retenues posent plusieurs questions. En effet, elles sont largement inéquitables car elles profitent à certains gros irrigants, dont les cultures ne sont pas forcément soutenables. Elles sont laides, chères, subventionnées, et constituent l'appropriation, que beaucoup appellent « privatisation », d'une ressource commune par certains agriculteurs. Elles entraînent aussi du gaspillage car l'eau s'évapore et les retenues poussent les agriculteurs à surconsommer en été puisque l'eau est disponible. Elles vont donc à l'encontre des efforts visant à réduire la demande. Elles sont accusées de limiter le débit en aval ou la hauteur des nappes dans certaines régions, et nuisent à la biodiversité. Les retenues sont en effet des pièges à sédiments et peuvent emprisonner différents polluants qui seront ensuite relargués.

Mais les retenues d'eau n'ont pas que des inconvénients. Les agriculteurs ont besoin d'eau pour produire et justifient l'utilisation de retenues pour éviter les inondations, car parfois l'eau n'est pompée qu'en cas d'excédents, ou le ruissellement de l'eau vers la mer, qui ferait perdre une précieuse ressource en eau douce. Le niveau des nappes en période estivale est amélioré car il n'y a moins de pompage pendant cette période[24].

Les arguments des deux camps font sens. Les retenues supérieures à trois hectares font l'objet d'études d'impact et d'une autorisation, délivrée après enquête publique. Face aux récentes tensions autour du projet des Deux-Sèvres, nul ne doute que les études d'impact seront de plus en plus documentées et que les effets des retenues de substitution sur la consommation d'eau et la biodiversité seront bien mesurés.

Mais le réel problème est le manque de connaissances scientifiques sur l'impact *cumulé* des retenues d'eau[25]. Cet impact cumulé est à la fois géographique et temporel. Géographique, car l'effet des retenues doit être évalué en fonction de la taille du bassin versant. Il faut donc prendre en compte par exemple la distance entre les retenues d'eau et la topographie du bassin versant. Temporel, car les effets d'une retenue de substitution peuvent se faire sentir sur des dizaines d'années, même après l'arrêt de son fonctionnement. Seul un processus itératif permet d'intégrer l'espace et le temps.

Soutenu par l'État, le projet initial de dix-neuf réserves de substitution dans le département des Deux-Sèvres a suscité une opposition forte. Les études d'impact ont été réalisées et différentes parties prenantes ont été consultées. Après un mouvement d'opposition, un accord est signé le 18 décembre 2018, prenant en compte de nouveaux éléments de médiation. Le nombre de retenues de substitution a été diminué à seize. Les recours se sont succédé jusqu'aux affrontements de Sainte-Soline.

Les tensions qui étaient à l'origine locales sont devenues nationales… et les affrontements violents qui ont eu lieu à Sainte-Soline, le 25 mars 2023, ont fait des Deux-Sèvres le symbole de la lutte contre les méga-bassines. Ce sont deux mondes qui s'opposent: les partisans d'une agriculture soutenable contre les tenants de l'agriculture extensive[26]. Peut-on réconcilier ces deux univers?

Une solution serait de remplir les bassines avec une autre eau que l'eau des nappes, par exemple de l'eau de pluie ou de l'eau recyclée, non rejetée dans son milieu. Retenir l'eau des pluies diluviennes est une bonne chose, il faut capturer l'excès de pluie de manière à éviter les inondations, mais cela suppose un fonctionnement par intermittence des retenues de substitution. Une telle solution nécessite un pilotage fin, basé sur des prédictions, avec des contrôles et des sanctions en cas de non-respect des règles de prélèvement, et guidant au mieux les agriculteurs sur les moments durant lesquels ils peuvent prélever.

Une chose est certaine: les questions relatives au partage des eaux sont politiques. Il convient de prendre en compte les effets économiques et sociaux dans l'étude d'impact des projets de méga-bassines… mais aussi des autres retenues. Les barrages et les retenues collinaires amènent aussi leurs lots de contestation. En 2014, lors d'un rassemblement à Sivens dans le Tarn pour contester la création d'un barrage, Rémi Fraisse a été tué par un tir de grenade lors d'affrontements avec les gendarmes. Le projet de retenues collinaires qui doivent remplacer le barrage ravive les contestations. À La Clusaz, une retenue collinaire de 140 000 mètres cubes, destinée aux deux tiers à l'enneigement artificiel, a été suspendue par le tribunal administratif de Grenoble. La mobilisation contre ces retenues est donc vive et montre la nécessité de mieux associer les parties prenantes aux négociations autour de tels ouvrages.

Les castes en Inde

Il y a moins d'un siècle, la distribution de l'eau en Inde était encore liée au statut des castes. Il n'était pas possible pour un membre d'une caste inférieure de boire au même puits qu'un membre d'une caste supérieure. À la fin du XIXe siècle, une sécheresse dévastatrice suivie d'une famine a entraîné la construction de puits et a changé les règles de distribution dans une certaine mesure. La construction des puits et des infrastructures de l'eau a été petit à petit conditionnée à l'accès à l'eau de toutes les castes. Mais la pratique du droit à l'eau selon le statut est restée ancrée dans les mœurs.

Les écrits des intouchables indiens sur le manque d'accès à l'eau et les longs voyages pour y trouver accès sont nombreux. Pour eux, l'eau est moins synonyme de vie que de ségrégation et de douleur. Dans l'imaginaire indien, l'eau renvoie à la propreté, au bien-être spirituel et à de nombreux rites religieux. Pour les castes supérieures, l'eau leur est réservée et ne peut en aucun cas être partagée avec les intouchables. Dans certaines régions, la division est manichéenne : certaines castes ont le droit à l'eau, d'autres n'y ont tout simplement pas le droit.

Encore aujourd'hui, de nombreux faits divers montrent que l'accès à l'eau est source de conflits entre castes en Inde. En mai 2023, deux jeunes intouchables ont été tués par des hommes d'une caste supérieure à Rajanakunte. Les deux jeunes avaient bu dans une fontaine à eau réservée aux castes supérieures au sein d'un hôtel à Hesarghatta[27].

Ce type de crimes n'est pas rare. Une étude détaillée sur l'ensemble de l'Inde montre que les meurtres d'individus issus de castes inférieures sont plus fréquents dans les quartiers où les sources d'eau sont publiques, car les individus de différentes castes s'y retrouvent. La violence observée de nos jours est donc le résultat de la remise en cause des normes passées sur le partage de l'eau entre castes[28].

L'historien Tirthankar Roy raconte dans son livre *Monsoon Economies*[29] le récit de la lutte pour l'égal accès à l'eau en Inde. On doit à l'intouchable B. R. Ambedkar une bonne partie des avancées relatives à l'accès à l'eau en Inde. En 1927, Ambedkar lance un mouvement dans la ville de Mahad, à 150 kilomètres de Bombay. Son action a pour objectif de donner droit à l'usage de l'eau dans les endroits publics à toutes les castes. Son mouvement a échoué mais l'affaire a été portée devant le tribunal local. Le juge a décrété que le réservoir de la ville était une propriété publique accessible à tous. La justice et les gouvernements locaux ont ainsi œuvré pour que l'usage de l'eau soit ouvert à toutes les castes.

La vie d'Ambedkar est fascinante mais aussi symptomatique de la difficulté d'impulser le changement social. Alors qu'il est enfant, le maharaja de Baroda remarque l'esprit brillant d'Ambedkar et lui paie ses études, à condition qu'il revienne servir l'État de Baroda, ce qu'il fit. Souffrant de la ségrégation de ses collègues de castes supérieures, il quitta ses fonctions[30]. Comme l'écrit très justement Tirthankar Roy, cette histoire témoigne qu'un roi éclairé ne peut à lui seul changer les mentalités de tout un peuple[31].

De la même manière, des décisions de justice ou des règles imposés par les gouvernements locaux ne peuvent pas changer ce qu'il y a dans la tête d'une population[32].

Dans les villages où les intouchables venaient prélever de l'eau d'un réservoir sacré, les réactions violentes des hindous des castes supérieures étaient féroces. Accusés de souiller l'eau, les intouchables étaient régulièrement battus[33].

La violence était particulièrement présente dans les zones rurales. Non seulement les villes étaient plus ouvertes au changement, mais les ménages étaient aussi plus vite raccordés au réseau d'eau, et les villes étaient moins exposées aux phénomènes climatiques extrêmes.

En effet, les périodes de sécheresse en zone rurale ont par exemple poussé les gouvernements à créer des puits réservés aux intouchables, recréant des différences entre castes. Bien souvent, les gouvernements ont contourné, plutôt que confronté, la résistance à l'égalité de l'accès à l'eau. La culture est un élément important des conflits relatifs à l'eau qu'il ne faut pas sous-estimer. Depuis les années 1990, le sentiment de castes a baissé dans tous les domaines de la vie… sauf en cas de pénurie d'eau.

Les agriculteurs et les éleveurs en Afrique de l'Ouest

En Afrique, l'agriculture emploie la majorité de la population. 43 % de la superficie totale du continent est utilisée pour l'élevage, qui permet à un quart de la population de subsister. La population est donc largement exposée aux variations de précipitations, alors même qu'elle augmente. La raréfaction de l'eau, l'expansion des terres agricoles, l'augmentation des troupeaux et l'insécurité que connaît l'Afrique de l'Ouest modifient les équilibres locaux : les populations pastorales ne peuvent plus se déplacer et les tensions entre agriculteurs et éleveurs se font ressentir[34].

En Afrique de l'Ouest, l'élevage est en grande partie transhumant[35]. La transhumance repose sur le déplacement des animaux de pâturage entre des terres agricoles et non cultivables en fonction des saisons. En temps normal, une relation partenariale existe entre cultivateurs et éleveurs en Afrique de l'Ouest. Pendant la saison des pluies, les agriculteurs, qui sont sédentaires, cultivent sur les terres les plus productives et les éleveurs transhumants exploitent des terres moins productives mais produisant une biomasse suffisante pour nourrir leur bétail. Lorsque la récolte est terminée, les éleveurs migrent le long de chemins établis pour arriver sur les terres agricoles, fertilisant ainsi les sols pendant la saison sèche et profitant de la biomasse de ces terres en échange.

Mais les périodes de sécheresse ont fortement perturbé les relations entre les deux groupes, entraînant une multiplication des conflits. En cas de sécheresse, les éleveurs reviennent plus tôt sur les terres cultivées, ce qui perturbe les relations antérieures, endommage les récoltes et crée une concurrence pour l'eau, provoquant des conflits entre les deux groupes.

Les économistes Eoin McGuirk et Nathan Nunn[36] ont utilisé des données satellites précises pour mesurer l'impact des précipitations sur les conflits entre cultivateurs et éleveurs depuis la fin des années 1980. Ils montrent que les conflits sont beaucoup plus fréquents en période de sécheresse, et sont donc davantage liés à des phénomènes climatiques qu'à des différences ethniques ou religieuses. Ils trouvent aussi que la protection des terres de manière à prévenir la dégradation de l'environnement ne se traduit pas par une diminution des conflits. Le manque d'eau pousse à se déplacer, et la mise en place de zones de conservation protégées n'empêche pas les migrations.

Consciente de la situation, l'organisation non gouvernementale Action contre la Faim a aidé les éleveurs en utilisant des images satellites et des cartes de biomasse pour s'assurer de la disponibilité des eaux de surface le long des parcours de transhumance[37]. Des systèmes d'alerte ont été créés pour les informer des conditions climatiques. Certains vont plus loin, comme le Réseau de prévention des crises alimentaires[38], une plateforme de concertation, et se mobilisent pour organiser une transhumance transfrontalière sécurisée. Une chose est sûre, il faut trouver une solution car l'eau manque et les conflits se multiplient !

Les conflits autour de la privatisation

L'Argentine contre les compagnies privées

Converti au néolibéralisme au début des années 1990, le président Carlos Menem avait décidé de privatiser les services publics argentins. Un contrat de concession pour trente ans est signé entre le gouvernement argentin et Aguas Argentinas, un consortium où l'entreprise française Suez-Lyonnaise des eaux est majoritaire, avec l'engagement d'investir quatre milliards de dollars dans l'eau potable. L'objectif de la concession est clair : fournir de l'eau de qualité, en continu, aux huit millions d'habitants de la région de Buenos Aires. En 1993, Aguas Argentinas remplace l'établissement public Obras Sanitarias de la Nación.

Les premières années sont un succès. Les coupures d'eau qui avaient lieu pendant l'été ont cessé et plus d'un million de personnes supplémentaires sont raccordées au réseau en moins de quatre ans. Rien de nouveau sous le soleil pour les détenteurs d'Aguas Argentinas : il s'agit de faire tourner l'usine de production, de raccorder les logements et de facturer comme cela se fait dans les pays industrialisés.

Un tel succès amène le développement de nombreuses concessions partout dans le monde les années qui suivent, et particulièrement en Amérique latine. Avec l'impulsion de la Banque mondiale, entre 1995 et 1997, des concessions sont signées à Santa Fe et à Córdoba (Argentine), Carthagène et Barranquilla (Colombie), La Paz et El Alto (Bolivie), Manille (Philippines), Casablanca (Maroc), entre autres[39].

Pourtant, dès 1998, Aguas Argentinas connaît ses premiers problèmes[40]. Le nombre de nouveaux raccordements au réseau s'affaisse et celui-ci n'est pas étendu aux quartiers plus périphériques, ce qui était pourtant prévu dans le contrat. Une renégociation de 1998 permet pourtant de financer l'expansion du réseau en transférant le coût des nouveaux branchements sur l'ensemble des abonnés, une forme de péréquation commune dans les pays industrialisés, qui a permis de développer les réseaux dans les zones rurales. C'est à ce moment que la relation entre l'entreprise privée et le gouvernement argentin se dégrade.

Dans un pays où la pauvreté est importante, le coût de la connexion est élevé. Il faut compter 415 dollars pour l'eau et 600 dollars pour l'assainissement pour connecter un logement aux réseaux[41]. Les usagers ne veulent pas payer, refusent qu'on les connecte aux réseaux, et les branchements illégaux se multiplient. Le tarif de l'eau est très impopulaire.

Le contexte urbain argentin ne facilite pas les choses[42]. Le réseau d'eau est en mauvais état, et son extension doit contourner les bidonvilles, les *carenciados*, que les pouvoirs publics ne veulent pas desservir. Installer un compteur d'eau à un squatteur, c'est lui reconnaître un droit de propriété, et c'est freiner les futurs projets de développement urbain. Pire, comme à l'époque de l'Empire romain, les tuyaux passent parfois par les terrains des bidonvilles, sans néanmoins les desservir. Les activistes de l'eau se saisissent de la situation qu'ils jugent insupportable.

Face à ces difficultés, Aguas Argentinas anticipe que la connexion des quartiers périphériques, plus pauvres, va être compliquée. Le réseau n'est finalement pas étendu alors que les recettes de l'opérateur ont augmenté… L'opérateur privé avait par ailleurs déjà demandé des hausses de prix en 1994 (+ 13 %) et 1997 (+ 19 %)[43].

La situation s'enflamme avec la crise argentine de 2001. L'inflation explose, la population s'appauvrit et les tarifs sont donc gelés. Les concessions privées font faillite. Leurs coûts augmentent au rythme de l'inflation mais leurs dettes sont libellées en dollars, donc la valeur réelle de leur dette n'est pas effritée par l'inflation[44]. En 2003, le président récemment élu, Néstor Kirchner, accuse les entreprises étrangères d'avoir « pillé » l'Argentine[45]. Face au déséquilibre économique de la concession, Suez porte plainte auprès du Centre international pour le règlement des différends relatifs aux investissements, le tribunal de la Banque mondiale chargé de régler ce type de contentieux. En 2006, l'Argentine rompt unilatéralement le contrat.

Suez réclame alors 1,3 milliard d'euros à l'État argentin pour non-respect de la clause du contrat prévoyant un ajustement des prix de l'eau en cas de dévaluation du peso. Le tribunal international lui donne raison et condamne l'Argentine à lui verser 405 millions de dollars en réparation du préjudice[46].

Contrairement à ce que peuvent croire les néolibéraux, l'eau potable n'est pas une marchandise comme les autres, et il n'est pas possible de la dépolitiser. Comme le dit justement l'académicien Erik Orsenna, l'eau est « *toujours* politique[47]. » Le philosophe américain Michael Sandel, qui s'inscrit dans la lignée de John Rawls, est par exemple très critique de la privatisation[48]. Pour Sandel, la privatisation des services publics est un affaiblissement du lien social, notamment parce que les décisions de privatisation ne sont pas assez discutées. Les institutions financières internationales incluent désormais des mécanismes de plaintes dans les projets qu'elles financent, afin d'intégrer des voies de correction.

Dans le cadre d'une autre concession argentine, le litige n'a pas porté sur le non-respect du contrat mais sur la responsabilité de l'entreprise d'assurer le droit à l'eau de la population[49]. Une entreprise privée peut-elle être tenue pour responsable du fait que la population ne soit pas connectée au réseau ? Le tribunal de la Banque mondiale a donné tort au gouvernement argentin : le droit à l'eau doit être garanti par l'État. Les acteurs privés, n'ont pas une obligation de protéger et de réaliser ce droit. En revanche, ils ne peuvent pas et ne doivent pas empêcher le respect du droit à l'eau… leur responsabilité sociale est donc importante.

Les « guerriers de l'eau » de Cochabamba

À la fin des années 1990, la Bolivie connaît une crise économique. Les institutions financières internationales qui lui viennent en aide lui conseillent de privatiser les entreprises publiques. À Cochabamba, une ville qui a grandi rapidement grâce au boom de la coca[50], l'agence locale de l'eau est remplacée par une concession de quarante ans, signée en 1999, dont le leader est l'entreprise américaine Bechtel. À l'inverse de Buenos Aires, qui reste un succès en termes d'accès à l'eau et d'amélioration du réseau, la concession de Cochabamba est un échec complet[51].

Très rapidement, comme à Buenos Aires, les tarifs augmentent, mais pour des raisons différentes. Il faut investir massivement dans l'infrastructure pour connecter les fermiers au réseau d'eau potable, et cette infrastructure va être payée par les usagers urbains. Cochabamba n'a structurellement pas assez d'eau pour alimenter sa population et le service d'eau ne fonctionne que quelques heures par jour. La Bolivie est aussi beaucoup plus pauvre que l'Argentine et le pays est le plus inégalitaire du continent américain. Les indigènes représentent 40 % de la population mais ils sont victimes de nombreuses discriminations.

Une augmentation des tarifs de l'eau de 45 % entraîne une grave crise sociale en février 2000. Une marche pacifique est violemment réprimée par la police... on compte des centaines de blessés. Les manifestations se multiplient et les syndicats agricoles bloquent le pays avec des barrages. L'état de siège est décrété par les autorités après une grève générale en avril 2000 qui fait suite à des affrontements dans la capitale, faisant six morts et quatre-vingt-onze blessés[52]. Les médias couvrent largement les événements. Le président bolivien, Hugo Banzer Suárez, un ancien dictateur militaire revenu au pouvoir par la voie démocratique, gère mal la crise. Il accuse les trafiquants de drogue de financer la protestation sociale[53].

En avril 2000, six mois après sa signature, la concession est résiliée. Bechtel se retourne vers le tribunal de la Banque mondiale pour obtenir 50 millions de dollars de réparation du gouvernement bolivien. Quelques années plus tard, la plainte est retirée. Les organisations altermondialistes ont largement manifesté contre la privatisation de l'eau par les multinationales, pas seulement à Cochabamba. Les associations de protection des indigènes ont aussi mis en avant le fait que, pour les indigènes, l'eau est un bien commun, pas une marchandise.

Les « guerres de l'eau », qui ont commencé à Cochabamba puis ont gagné la capitale La Paz, ont permis de mettre au pouvoir Evo Morales, le premier président d'origine indigène. Elles ont été une étape importante de l'altermondialisme en Amérique latine et partout dans le monde. Symbole de la résistance face aux multinationales, après l'élection d'Evo Morales, les guerriers de l'eau ont mis en place un système de gestion publique de l'eau, dans lequel les communautés locales jouent un rôle important, et ont inscrit l'eau comme un bien commun dans la Constitution nationale.

Mais vingt ans après, le service de l'eau a-t-il vraiment été amélioré à Cochabamba ? La réponse est négative. Les conflits de l'eau sont toujours aussi présents entre ruraux et urbains et sa distribution, de mauvaise qualité, se fait par intermittence, comme il y a vingt ans[54]. Des camions-citernes transfèrent de l'eau vers les quartiers les plus éloignés. Mais l'autonomie politique, vis-à-vis des entreprises privées et même du gouvernement, a été gagnée, les communautés ayant une influence importante sur la gestion de l'entreprise publique[55].

Dans une société fragmentée comme la Bolivie, la reconquête démocratique de l'eau prenait des dimensions qui allaient au-delà de la simple gestion de la précieuse ressource. C'est une recherche d'autonomie vis-à-vis des multinationales mais aussi du gouvernement que l'on pouvait lire en filigrane des conflits de Cochabamba.

Les déclarations de Serageldin et Boutros-Ghali sur les guerres de l'eau évoquées en début de chapitre sont à recontextualiser : la première met l'accent sur les enjeux économiques de l'eau, aussi importante que le pétrole pour l'économie ; la deuxième vise à dissuader les autres pays riverains du Nil de s'approprier l'eau du fleuve. Tous deux Égyptiens, ils ont été profondément marqués par les chocs pétroliers et les tensions autour du Nil dans un pays en stress hydrique.

Néanmoins, les États sont responsables de la sécurité hydrique de leur population. Les ressources d'eau transfrontalières sont fréquentes. La recherche de la sécurité hydrique doit être de plus en plus régionale, voire mondiale. Les accords de bassin à l'image du Sénégal sont une manière de régler les différends transfrontaliers entre États et de prévenir les conflits avec leurs voisins.

Doit-on aller vers un mécanisme international de règlement des conflits ? La création d'un organisme au sein des Nations unies, qui pourrait permettre de régler à l'amiable ou d'arbitrer les conflits interétatiques liés à l'utilisation transfrontalière de l'eau a été évoquée à plusieurs reprises, sans toutefois trouver un soutien important dans la communauté internationale.

De même, faut-il créer des tribunaux de l'eau arbitrant les conflits d'usage dans chaque État ? C'est ce qu'ont fait l'Espagne et l'Inde notamment. En Espagne, où les oppositions internes autour de l'eau sont très fortes, le tribunal des eaux de la plaine de Valence, composé de huit agriculteurs élus démocratiquement, est chargé d'arbitrer les conflits d'irrigation dans la région. Ce tribunal, reconnu par l'UNESCO, assure la cohésion des communautés traditionnelles et ses décisions sont reconnues dans l'ordre juridique espagnol. En Inde, le tribunal de Narmada, créé en 1969, avait pour objectif de régler les différends opposant plusieurs États indiens sur l'usage de l'eau de la vallée de la Narmada. Le tribunal a permis de construire un barrage et de partager la consommation d'eau des différents États. De tels tribunaux, plus proches des conflits qu'ils doivent traiter, pourraient être généralisés au sein de chaque État. Mais pourront-ils empêcher les conflits ?

Partie deux

Comment en est-on arrivé là ?

Chapitre 4

Une gouvernance de l'eau défaillante

L'eau est notre « bien commun le plus précieux » selon le secrétaire général des Nations unies, António Guterres. La gouvernance de l'eau, souvent sujette à des déficiences, représente un défi crucial partout dans le monde.

Si le problème est global, les solutions à adopter sont forcément locales. Il y a *des* ressources communes, plutôt qu'*une* ressource commune. En effet, la nature des usages et la disponibilité de l'eau varient d'un territoire à l'autre et selon les périodes. Les compromis ne peuvent qu'être négociés de façon locale, entre des acteurs qui sont concernés et qui, souvent, se connaissent.

Elinor Ostrom, une politiste qui a reçu le prix Nobel d'économie, a apporté une contribution significative à la compréhension des systèmes de gouvernance des ressources communes comme l'eau. Elle a souligné l'importance des solutions décentralisées, adaptées au contexte local, remettant en cause une gestion centralisée comme étant la seule approche viable. Dans le contexte de l'eau, Ostrom met en avant la nécessité d'une collaboration locale, d'institutions bien définies et d'une responsabilisation des communautés pour promouvoir l'utilisation durable des ressources en eau.

Dans les faits, les intérêts économiques des acteurs divergent, les rapports de pouvoir sont asymétriques, et le changement climatique rend moins crédibles les institutions du passé. Ces différents éléments rendent la gouvernance de l'eau déficiente.

La tragédie des communs et l'inaction collective

Nous devons à Garrett Hardin[1], éminent écologiste américain, l'expression « tragédie des communs », plus tard formalisée par Elinor Ostrom. Ce concept repose sur l'idée que lorsque plusieurs utilisateurs ont accès libre à une ressource commune[2], ils agissent selon leurs intérêts personnels, et ont tendance à en abuser, au risque de la faire disparaître pour l'ensemble des bénéficiaires.

Pour illustrer ce concept, prenons le cas d'un système d'irrigation où les agriculteurs partagent les coûts d'entretien. Certains agriculteurs seront tentés de surutiliser l'eau pour favoriser leurs cultures, privant ainsi les autres de son accès. La conclusion de Garrett Hardin est sans appel : la propriété commune est incompatible avec sa durabilité.

C'est le paradoxe de l'action collective évoqué par l'économiste Mancur Olson dans son ouvrage *La Logique de l'action collective*[3]. Chacun se préoccupe de son bien-être individuel et tend à surconsommer la ressource, comptant sur les autres pour en limiter l'usage. Les individus sont interdépendants mais peinent à coopérer, en raison de leur persistance à favoriser leurs intérêts personnels. Pour ces raisons, l'action collective a peu de chances d'être fructueuse.

Deux solutions opposées sont alors apparues naturellement : la nationalisation et la privatisation de la ressource commune. La nationalisation permet à l'État de devenir propriétaire de la ressource et d'en assurer l'exploitation. L'État peut édicter des règles d'exploitation visant par exemple à limiter l'utilisation de la ressource commune pendant certaines périodes, ou déterminer des droits d'exploitation pour certains usagers. L'autre solution, la privatisation, consiste à convertir la ressource commune en propriété privée, pour inciter les propriétaires à une gestion rationnelle, en donnant éventuellement des droits d'exploitation à d'autres entreprises.

La privatisation des ressources communes repose sur l'idée que la propriété publique est par nature moins efficiente que la propriété privée. La raison est le manque d'incitations à la bonne performance de la propriété publique[4]. Si la propriété est publique, le capital de l'entreprise est réparti entre tous les citoyens, et personne ne peut revendre ses parts en cas de mauvaise gestion. Les citoyens ne peuvent pas sanctionner la mauvaise gestion et ils ne se sentent même pas propriétaires de la ressource. Il n'y a donc aucun contrôle sur l'action de l'État, qui peut être inefficace en raison d'un manque de compétences ou de la corruption[5].

En cas de propriété privée, le capital est détenu par des actionnaires qui peuvent revendre leurs parts si les résultats d'exploitation ne sont pas bons. Il faut noter que la vision libérale de l'efficience supérieure de la propriété privée est simplificatrice. Elle repose sur l'idée inhérente d'une meilleure gestion quand la propriété est privée, car les actionnaires poussent les dirigeants de l'entreprise à améliorer leur rentabilité. Comme les dirigeants doivent rendre des comptes aux actionnaires, ils sont naturellement incités à gérer au mieux l'exploitation de l'activité. La propriété privée est donc plus efficace que toute autre forme de propriété.

Si l'argument en faveur de la propriété privée peut être vrai pour une activité économique standard, il tend à être faux dans le cas des ressources communes. La recherche de l'efficacité économique de court terme pour satisfaire l'actionnaire peut inciter l'acteur privé à surexploiter la ressource commune.

Une ressource commune ne peut donc pas être gérée par un mécanisme de marché standard. En effet, la communauté doit pouvoir fixer des quotas, des durées d'exploitation, des interdictions et des tarifs minimum ou maximum, pour préserver la ressource, dans une logique d'intérêt général.

La gouvernance de l'eau est nécessairement hybride

Face aux deux solutions proposées – privatisation et nationalisation –, les travaux d'Ostrom prennent un tournant différent. Avec ses coauteurs, la politiste recense les actions collectives qui permettent une gestion durable des communs à travers le monde[6]. Contrairement à ce que disait Hardin, la coopération peut fonctionner, et elle peut apparaître de façon spontanée, sans qu'il y ait besoin d'un transfert de propriété[7].

Dans des travaux quasi anthropologiques, Ostrom montre que la gestion des ressources par les acteurs locaux, en gardant une forme de propriété commune, passe en grande partie par des normes sociales. La bonne gestion de l'eau n'est donc pas relative à sa propriété, mais fonction de la capacité à créer une bonne gouvernance au niveau d'une communauté.

Dans les communautés où l'altruisme est une valeur morale supérieure, la gestion des biens communs est valorisée par la société, et les individus jouent le jeu de la préservation de la ressource. Ainsi, l'égalité et une petite taille du groupe sont des éléments favorables à la gestion efficace des ressources communes.

De même, des facteurs psychologiques, comme la préférence pour le présent peuvent expliquer la mauvaise gestion des ressources. Des individus qui craignent pour le futur s'organisent pour en assurer la gestion adéquate. Plus la proximité géographique à la ressource est importante, plus les communautés sont incitées à trouver des règles limitant la surexploitation de la ressource. La notion de communauté est ici importante car elle révèle aussi une erreur grossière de Garrett Hardin : il confond les communs, qui désignent la gestion d'une ressource commune par une communauté, des ressources en libre accès, où l'esprit de communauté est inexistant et où chacun surexploite la ressource.

Si une gouvernance peut émerger spontanément dans des petits groupes, des mécanismes de gouvernance doivent être construits pour les plus grands groupes. Ostrom met en avant des formes de gouvernance hybrides, dites polycentriques[8]. Dans ses études de cas sur la gestion des systèmes d'irrigation en Californie, elle montre que de multiples entités gouvernementales sans hiérarchie ont réussi à s'accorder avec des acteurs privés pour mettre en place un certain nombre de règles, de sanctions, de mécanismes de surveillance et de résolution des conflits centralisés[9]. Ces acteurs arrivent à coopérer car ils tiennent compte des uns et des autres et prennent conscience que la durabilité de leur activité dépend de comportements collectifs. Ils forment donc des communautés.

Néanmoins, cette gestion commune fait défaut à l'eau dans de nombreux cas, particulièrement parce que les usagers ne partagent pas la même vision de ce qu'est le bien commun, c'est-à-dire de la société dans laquelle ils veulent vivre[10]. Chaque usager prend ses décisions de façon individuelle alors qu'il faut penser une action collective, éthique et responsable.

La tentation de réguler la rareté de l'eau par des mécanismes de marché

En théorie, la mise en place de marché de droits d'usage de l'eau permet de combiner les avantages du marché à la nécessaire intervention publique. En effet, le mécanisme de marché permet d'allouer l'eau à celui qui lui donne la plus grande valeur. Le prix de l'eau est déterminé librement sur le marché, en fonction de l'offre et de la demande, et permet de signaler sa rareté. Par ailleurs, les pouvoirs publics sont responsables de déterminer les quotas chaque année et peuvent donc fixer des quotas de plus en plus faibles pour inciter à consommer moins. Les pouvoirs publics peuvent même acheter directement des droits d'usage pour préserver l'environnement, tout en rémunérant les agriculteurs pour leurs économies d'eau[11].

Dans le secteur agricole, l'Australie a mis en place, avec le Water Act de 2007, un marché des droits d'accès à l'eau, fixant des quotas sur le volume de prélèvements autorisé et la possibilité d'échanger ces droits sur un marché. Le quota alloué à chaque agriculteur constitue un droit à une certaine quantité d'eau qui varie chaque année en fonction de l'eau disponible dans les barrages et des prévisions de précipitations. Les agriculteurs dépendant du même barrage ou du même cours d'eau peuvent échanger entre eux de façon temporaire de l'eau sur le marché. Par exemple, un agriculteur qui consomme moins d'eau que le quota qui lui a été alloué peut revendre le surplus, la différence entre la quantité qui lui est attribuée et sa consommation, à un autre usager. Le prix de l'eau est alors spontanément fixé sur le marché en fonction de l'offre et de la demande.

Le bilan de l'expérience australienne est positif sur certains aspects. D'abord, le mécanisme de marché à proprement parler n'est généralement utilisé que pour des transferts d'appoint, non permanents[12]. De ce point de vue, le marché a été un succès puisque les agriculteurs australiens l'ont largement utilisé – les échanges sur le marché des transferts d'appoint représentant environ la moitié du volume des allocations[13]. Par ailleurs, les pouvoirs publics n'ont pas hésité à diminuer les quotas alloués en fonction de la sécheresse.

Néanmoins, le prix de l'eau a baissé fortement certaines années, sans réellement atteindre la cible qui était fixée initialement par le gouvernement, ne permettant pas de mieux gérer l'eau en périodes de sécheresse[14]. L'utilisation d'un marché des droits d'usage de l'eau est séduisante sur le papier mais elle pose une question fondamentale : et si le marché ne permettait pas de déterminer la valeur réelle de l'eau ?

C'est exactement ce qui s'est passé pour le marché des droits à polluer européen. Lancé en 2005, le prix du droit à polluer s'est effondré quelques années après. Les évolutions technologiques, la désindustrialisation continue et la diminution de la croissance ont poussé les entreprises à naturellement moins polluer. La revente massive de leurs quotas a entraîné la chute du prix du droit à polluer, rendant les activités polluantes bon marché. Le marché a donc valorisé le coût de la pollution à un niveau faible, alors même que les effets négatifs du changement climatique s'accéléraient. De la même manière que le prix du carbone sur le marché des droits à polluer ne permet pas de bien capturer la valeur de la Terre, la valeur des droits à utiliser l'eau peut ne pas bien capturer la valeur des différents usages de l'eau…

Pourtant, l'idée d'un marché de l'eau a fait son chemin et on retrouve des mécanismes de marché dans au moins trente-sept pays[15]. Il faut néanmoins noter que les marchés mis en place ont été conceptualisés de manière à répondre à des besoins locaux particuliers. Ils fonctionnent rarement comme des marchés où l'offre et la demande sont complètement libres. Ils n'existent généralement que pour une partie des volumes d'eau disponibles, que pour un type d'eau, par exemple de surface, et qu'entre certains types d'usagers, généralement des agriculteurs[16].

Mais la mise en place de marchés de l'eau pourrait bien se généraliser et transformer la ressource commune en bien privé. Si différents usages étaient mis en concurrence, devrait-on systématiquement avantager un usage par un grand industriel face à un petit agriculteur sous prétexte que le premier serait prêt à payer plus cher que le second pour utiliser l'eau ?

La mise en place d'un marché de l'eau, en donnant un prix à la ressource commune, ne règle pas tous les problèmes de valorisation qui peuvent apparaître autour de l'usage de l'eau. Elle peut même créer de nouveaux problèmes éthiques… car celui qui la valorise le plus dans son usage n'est pas forcément celui qui pourra la payer plus cher.

Les risques de la financiarisation de l'eau

La mise en place d'un marché de l'eau engendre souvent la création de produits financiers entraînant des phénomènes spéculatifs, ce que l'on peut appeler la « financiarisation » de l'eau. Alors que la mise en place d'un marché tente généralement de répondre à un problème local de gestion de la ressource, la financiarisation n'a qu'une visée spéculative. Il s'agit de gagner de l'argent sur l'évolution de la rareté de l'eau.

En Californie, où des marchés physiques de l'eau ont été mis en place localement pour répondre à la sécheresse de certains bassins, un indice hebdomadaire reflétant le prix de l'eau sur les différents marchés californiens, le NQH2O, a été créé. En cas de sécheresse ou de faibles précipitations, la valeur de l'indice augmente, indiquant sa rareté au consommateur et à l'investisseur. Des produits financiers ont été créés et s'appuient sur le NQH2O pour spéculer sur le prix de l'eau. Pour les défenseurs de la financiarisation, la spéculation permettrait de faire en sorte que le consommateur se rende compte de la vraie valeur de l'eau.

Il y a cependant deux problèmes importants à la mise en place de produits financiers permettant de spéculer sur la valeur de l'eau. Le premier est que les produits financiers sont complètement décorrélés de la réalité du marché de l'eau. Contrairement au pétrole, par exemple, l'eau n'est pas transportée par conteneur d'un pays à un autre, et ne possède pas un prix unique au niveau mondial. Sur les marchés californiens, l'eau a autant de prix qu'il y a de marchés, et il n'est pas envisagé de transporter l'eau d'un endroit à un autre. Acheter une assurance sur un indice moyen des prix de l'eau n'a donc aucun intérêt pour l'économie réelle.

Le deuxième inconvénient des produits financiers sur l'eau est moral. La spéculation consiste à parier sur les effets du changement climatique sur le prix de l'eau. Les spéculateurs ne sont pas ceux qui gèrent les services d'eau ou même les usagers, mais juste des acheteurs de titres dont l'objectif est de créer une bulle financière, pouvant appauvrir l'ensemble de la population. On ne peut pas choisir d'aller vers cette logique de spéculation en lieu et place d'aller vers des stratégies d'adaptation ou de planification permettant de faire face aux pénuries d'eau.

La démocratie de l'eau fait souvent défaut

La gestion de l'eau doit se faire en commun, de façon polycentrique, au niveau du territoire hydrographique. Mais dans les faits, les intérêts des acteurs sont souvent divergents, et les rapports de force ne vont pas dans le sens du bien commun, créant une gouvernance de l'eau déficiente.

En France par exemple, les usagers et les prélèvements d'eau diffèrent grandement d'une région à une autre. L'eau potable ne représente que 16 % du total des prélèvements d'eau. Le refroidissement des centrales nucléaires représente 50 % des prélèvements. Les autres prélèvements servent à alimenter les canaux (17 %), l'agriculture (9 %) et l'industrie (8 %)[17]. D'un territoire à l'autre, les prélèvements d'eau sont complètement différents. En Île-de-France, les prélèvements sont réalisés en grande majorité pour l'usage domestique. En Occitanie, c'est l'irrigation qui prend la plus grande partie des prélèvements tandis qu'en Bourgogne-Franche-Comté, les canaux représentent 75 % des prélèvements[18]. La gestion équilibrée de la ressource impose de prendre en compte les spécificités locales.

Si l'usage domestique de l'eau potable est reconnu comme étant prioritaire partout dans le monde[19], la hiérarchie des priorités peut être aussi biaisée selon le territoire. Certains vont mettre en avant l'usage de l'eau pour l'agriculture ou pour l'industrie. D'autres vont vouloir en modifier l'usage pour préserver la biodiversité. La rareté de la ressource entraîne une concurrence qui s'intensifie entre les usagers.

Des règles ont été mises en place pour prioriser les usages. Dans certains pays, comme dans l'ouest des États-Unis, la doctrine d'appropriation prioritaire donne un droit d'utilisation prioritaire de l'eau à des usagers arrivés en premier. Mais la quantité d'eau que l'on peut utiliser avec ces droits est limitée et ne peut être augmentée. La France, de son côté, est restée sur une certaine indifférence quant à la propriété de l'eau, mais il appartient à l'État d'arbitrer sur les usages[20]. Chaque État, et en son sein chaque bassin, doit donc définir ses priorités, en fonction du niveau de la ressource et de ses traditions juridiques.

La régulation des usages a entraîné la mise en place d'institutions variées au niveau international. Dans certains cas, les collectivités locales ont gardé la prérogative de gestion des usages de l'eau, dans d'autres ce sont des États fédérés ou des comités de bassin avec des représentants de différents niveaux, et parfois des usagers[21]. Néanmoins, l'idée d'une gestion dite « intégrée », multiniveau et multiacteur, a fait son chemin.

À ce titre, la directive-cadre sur l'eau de l'Union européenne de 2000 est souvent citée en bon exemple. En effet, elle met en avant la nécessité de gérer au niveau le plus bas, avec des comités locaux, les grandes questions relatives à l'eau, notamment à sa qualité. Elle reprend les principes de la conférence de Dublin, préparatoire du Sommet de la Terre de Rio de 1992, qui affirment que l'eau est « fragile » et que sa « gestion » doit associer « usagers, planificateurs et décideurs à tous les échelons » par des approches participatives[22]. Subsidiarité et gestion participative sont donc les mots-clés de la gouvernance de l'eau.

La France avait quelque peu anticipé la directive-cadre européenne en mettant en place dès 1964 des comités de bassin définissant les grands axes de la politique de l'eau à l'échelle de leur bassin hydrographique[23]. Les frontières hydrographiques, qui sont fidèles à la réalité géographique et physique de l'eau ne correspondent pas au découpage administratif du pays. Un bassin comprend par exemple plusieurs régions mais une région peut aussi recouper plusieurs bassins versants. L'empilement institutionnel de la gouvernance de l'eau peut sembler parfois aussi absurde que l'administration impénétrable aux ramifications infinies du *Château* de Franz Kafka[24].

Il en résulte une gouvernance complexe des politiques de l'eau, prises en étau entre les vagues de décentralisation et la tentation centralisatrice de l'État français[25]. Les comités de bassin doivent donc élaborer, en cohérence avec les politiques des régions, des stratégies qui seront ensuite déclinées au niveau des sous-bassins, où l'on retrouve les communes, responsables des services publics de l'eau potable. En même temps, l'État et ses services déconcentrés interviennent massivement dans la politique de l'eau. La multiplicité des acteurs et des procédures rend les actions illisibles pour les citoyens et donne un avantage à ceux qui savent exploiter le système.

Par ailleurs, contrairement à ce que l'on peut croire, la mise en place d'approches participatives ne débouche pas tout le temps sur une gestion de l'eau pour le bien commun. En effet, la participation des usagers de l'eau et des représentants politiques peut poser plusieurs défis, notamment si ces parties doivent se prononcer sur la répartition des volumes ou différents aspects financiers comme le montant des redevances d'usage de l'eau ou les subventions accordées. La gestion participative de l'eau peut vite laisser la place à du lobbying ou à du clientélisme[26].

La Cour des comptes a vu par exemple dans les comités de bassin, les « parlements » de l'eau, un certain nombre de « conflits d'intérêts »[27]. Les industriels ou les agriculteurs se sont effectivement emparés d'un bon nombre de sièges dévolus aux usagers et ont pu influencer certaines décisions. Ainsi, un barrage pour l'irrigation a été financé sur le site de Sivens dans le Tarn alors qu'une ristourne de 10 millions d'euros a été accordée à l'entreprise Rio Tinto en échange d'un engagement à cesser de reverser ses résidus de bauxite en Méditerranée[28].

Il n'y a pas qu'en France que la gestion participative de l'eau connaît des difficultés. En Afrique du Sud, la gestion participative avait été accueillie comme un moyen d'associer les usagers blancs et noirs pour définir une utilisation équitable et durable de l'eau[29]. Dans le bassin de la rivière Olifants, dans la région viticole du nord-ouest de l'Afrique du Sud, les usagers les plus puissants ont largement utilisé le forum participatif de leur bassin pour défendre leurs intérêts économiques, au détriment des communautés rurales. « Si nous voulons que tout reste tel que c'est, il faut que tout change », disait Tancrède Falconeri à son oncle, dans *Le Guépard* de Luchino Visconti[30].

Les instances existent mais elles doivent être un véritable lieu d'échanges entre les différentes parties prenantes. Il faut donc définir le bon périmètre des échanges, le sous-bassin semble faire sens et permettre de recréer une culture de l'eau autour d'une vision commune du bien commun.

L'absence de données et de contrôles sur les prélèvements nuit à la gouvernance

Pour améliorer la gouvernance de l'eau, il faut remplir deux conditions. Il faut d'abord que les échanges s'appuient sur des données fiables. En France, comme dans beaucoup de pays, les prélèvements sont mal connus et ne permettent pas d'arbitrer les usages. Par ailleurs, les mécanismes de contrôle des usagers et les sanctions afférentes en cas de non-respect des règles ne sont pas appliqués. Ces deux conditions sont nécessaires pour une gouvernance éclairée.

La donnée sur l'eau est un élément important du contrôle des usages. Si la gouvernance de l'eau manque de transparence, c'est parce que l'eau est elle-même invisible, souvent souterraine, et mal connue[31]. Il en est de même pour les prélèvements opérés par l'ensemble de la population. Les données sur les prélèvements en eau comportent des incohérences et les mesures de l'état de la ressource ne couvrent pas l'ensemble des sources du pays[32]. Il est donc difficile de mettre d'accord les différents acteurs autour d'une stratégie commune de protection de la ressource.

Par exemple, des données fiables permettraient de rendre contestables des projets de construction de méga-usines dans des régions où le risque de pénurie d'eau est élevé. Les débats récents autour de la consommation d'eau des usines de microprocesseurs près de Grenoble, ou de batteries électriques à Dunkerque, montrent bien la nécessité d'avoir des données précises sur les ressources en eau. Des contestations similaires ont eu récemment lieu en Allemagne, où l'usine de production de Tesla pourrait consommer jusqu'à 3,6 millions de mètres cubes d'eau, soit 30 % de la consommation de son territoire d'implantation[33]. Si ces activités très consommatrices en eau menacent la préservation de la ressource et soulèvent des risques pour les usages domestiques, il faut les interdire. Mais faute de données fiables, il n'est pas possible d'éclairer les décisions publiques et les communautés qui peuvent être affectées.

La deuxième condition d'une bonne gouvernance repose sur la mise en place des contrôles des prélèvements. Les contrôles des prélèvements sont peu nombreux et ciblent essentiellement le respect des mesures de restriction en cas de sécheresse. La France se caractérise par un taux élevé d'infractions lors des contrôles des points de captage à des fins agricoles (13 %)[34]. La politique agricole commune européenne conditionne certaines aides au respect d'obligations environnementales, notamment la réduction de consommation d'eau, mais les contrôles des États sont insuffisants. Les contrôles ratent leur objectif, qui est de limiter les prélèvements pour préserver la ressource.

Les contrôles doivent donc être permanents, structurels, et cibler les plus gros consommateurs. Ils devraient par exemple porter sur les autorisations de prélèvements d'eau qui ont été accordées pour des usages non domestiques. La loi impose que tout prélèvement supérieur à 10 000 mètres cubes par an, ou 7 000 mètres cubes dans une zone souffrant d'une surexploitation de l'eau, soit déclaré auprès des agences de l'eau. Mais de nombreux prélèvements échappent à ces déclarations en raison de contrôles lacunaires. En Adour-Garonne, la Cour des comptes note que la moitié des 20 000 irrigants ne font pas de déclaration… et sont donc considérés comme utilisant moins de 7 000 mètres cubes d'eau par an[35]. À titre de comparaison, pour un hectare de tomates, il faut 4 500 mètres cubes d'eau par an[36].

Quand les contrôles ont lieu, les sanctions, pourtant codifiées dans la loi, sont rarement prises et ne sont pas dissuasives[37]. Les amendes sont trop faibles. Un agriculteur a donc tout intérêt à ne pas respecter un arrêté « sécheresse » émis par le préfet et à payer l'amende, si jamais il était contrôlé[38]… La directive-cadre européenne de 2000 qui demande un régime de sanctions « effectives, proportionnées et dissuasives » est donc vidée de son sens.

Le manque d'évaluation des différents instruments de contrôle ou des sanctions est également criant. Les arrêtés « sécheresse » sont facilement contournés. En effet, un agriculteur peut tout simplement récupérer l'eau qui n'a pas été prélevée pendant la période de restriction lorsque celle-ci est levée. L'efficacité de la palette d'outils à disposition des pouvoirs publics pour assurer la bonne gouvernance de l'eau devrait être évaluée.

Une gouvernance crédible repose sur la connaissance précise des prélèvements et la mise en place de contrôles et de sanctions crédibles. Les deux conditions vont de pair. Les contrôles seront d'autant plus faciles que les connaissances sur les prélèvements et l'état de la ressource seront bonnes. Les sanctions seront mieux acceptées si elles s'appuient sur des données fiables. La connaissance et la mise en place de ces différents éléments permettraient aussi de mettre correctement en œuvre les mesures d'interdiction et de restriction d'usage et d'évaluer leur effet.

L'eau est une ressource naturelle commune dont la gestion doit répondre à la nécessité de solidarité et de responsabilité entre les usagers. Son utilisation appartient à tous, en dehors des logiques de marché et de concurrence. En France, ce statut particulier de l'eau est réaffirmé dans la loi sur l'eau de 1992, modifiée en 2006 par la loi sur l'eau et les milieux aquatiques : l'eau est patrimoine commun de la nation.

L'eau n'est pas une simple marchandise sur laquelle on peut adosser des produits financiers. La valeur sociale d'une ressource commune ne peut pas être capturée par des individus ou des organisations de manière isolée. Elle doit être partagée et gérée en commun.

La gouvernance de l'eau est défaillante, particulièrement en période de sécheresse. Cette faillite institutionnelle est simple à comprendre : on tend à privilégier certains usages économiques ou à ne pas appliquer certaines sanctions au détriment de l'intérêt général.

Face à la sécheresse, les réactions sont souvent tardives, donc trop rapides et prises en palier plutôt que d'être progressives. En matière d'eau, c'est le long terme qui doit primer sur l'urgence, et c'est la fonction qui prime sur le titre de propriété : l'eau n'a pas à être publique ou privée, elle doit permettre de satisfaire l'intérêt général. Les pouvoirs publics doivent se fonder sur l'intérêt général pour définir les priorités économiques et sociales des ressources hydriques. Comme le dit l'économiste Jean Tirole : « La gestion des biens communs doit se faire pour l'accomplissement du bien commun[39]. »

Chapitre 5

Le modèle économique du service public de l'eau n'incite pas à la préserver

Tout au long du XXe siècle, le modèle économique de l'eau a reposé sur le développement de l'offre. Les infrastructures hydrauliques et les réseaux d'eau potable ont été développés à coups de subventions publiques et d'aides internationales. Depuis une vingtaine d'années, des stratégies ont été mises en place pour limiter la demande, et prendre en compte la protection de la ressource, par exemple en limitant les fuites, dans une perspective de développement durable. Il faut désormais réinventer le modèle économique de l'eau pour limiter le gaspillage et préserver la qualité de la ressource. Cela passe par une meilleure lisibilité du prix, la rémunération de la sobriété des consommateurs et des producteurs, et une meilleure application du principe pollueur-payeur.

Le prix de l'eau est soit invisible, soit illisible

Pour beaucoup de consommateurs, l'eau du robinet n'a pas de prix. 57 % des ménages n'ont aucune idée du prix de l'eau et plus d'un tiers ne regardent jamais leur facture d'eau[1]. Beaucoup ne reçoivent même jamais de facture pour l'eau potable et l'assainissement.

En effet, le compteur d'eau n'est pas toujours individualisé. Par exemple, 92 % des immeubles des communes adhérentes au Syndicat des eaux d'Île-de-France (SEDIF), qui couvre 4 millions d'habitants, ne sont pas équipés en compteurs individuels[2]. Dans les immeubles collectifs, il y a souvent un compteur d'eau pour des dizaines, voire des centaines d'usagers. Dans ce cas, les ménages payent l'eau dans les charges collectives de leur copropriété, sans néanmoins recevoir de facture individuelle[3]. Les compteurs individuels sont présents dans les maisons et dans les immeubles construits après 2007. Il en résulte une méconnaissance du prix de l'eau et de la facture payée par l'usager.

Par ailleurs, la tarification de l'eau potable n'est pas toujours lisible pour le consommateur du fait de sa complexité. Les usagers qui reçoivent une facture individuelle paient une partie fixe – dite « abonnement » – et une partie variable qui dépend de leur consommation d'eau. La partie fixe est censée couvrir l'entretien du réseau et la facturation à l'usager. La partie variable doit couvrir les coûts de traitement et de distribution de l'eau. Ce modèle de tarification est utilisé pour d'autres services en réseau, par exemple l'électricité ou le gaz. Le service de l'eau dispose néanmoins d'une difficulté supplémentaire, car il y a deux services publics séparés – l'eau potable et l'assainissement – qui amènent en principe à deux factures. Des efforts ont été faits ces quinze dernières années pour unifier et uniformiser les factures.

Les usagers paient aussi trois redevances sur l'eau reportées dans la facture. Ces redevances sont captées par les agences de l'eau qui les utilisent pour mener la politique de l'eau au niveau d'un bassin. Les redevances sur la préservation des ressources en eau et la lutte contre la pollution rendent compte respectivement de la rareté de la ressource et du coût environnemental de la consommation d'eau. Une redevance pour la modernisation des réseaux de collecte est perçue sur la partie assainissement de la facture afin de mener des actions d'investissement sur les réseaux d'assainissement. La logique d'adosser les redevances à l'usage de l'eau était de pouvoir cibler les actions des agences de l'eau vers les bassins où la redevance a été tirée.

La facture d'eau comprend un certain nombre de messages permettant d'éclairer l'usager citoyen sur la nature économique et sociale de l'eau. Dans sa partie variable, elle montre en effet que l'eau a un prix et que l'on doit payer plus si l'on consomme plus. Dans sa partie fixe, la facture montre que l'entretien du réseau a un coût qui doit être mutualisé au niveau du service, peu importe que l'on habite près ou loin de l'usine de production. Les redevances sont une application discrète du principe « pollueur-payeur » : la consommation d'eau a un coût pour l'environnement qui doit être supporté par l'usager, proportionnellement à sa consommation. Le mode de facturation de l'eau édicte donc un certain nombre de principes.

Malgré l'amélioration de la transparence des factures, les ménages ne s'intéressent qu'au montant global de leur facture, et ne font certainement pas la distinction entre les redevances et le prix de l'eau. Des études sur la sensibilité des ménages aux différentes composantes de la facture montrent qu'ils sont relativement indifférents à l'évolution du prix de l'abonnement, du prix variable, ou même des redevances[4]. Une augmentation de la redevance sur la préservation, plutôt que du prix de l'abonnement par exemple, n'est pas perçue par le consommateur comme un risque d'épuisement de la ressource, mais simplement comme une hausse du coût de production[5]. Le signal qu'envoient les différents éléments du prix de l'eau n'est pas clair pour le consommateur[6]. En conséquence, la valeur de l'eau potable et ses enjeux ne sont pas bien compris.

Le prix de l'eau pousse au gaspillage

Un des principes de la Conférence internationale de Dublin de 1992 dédiée à l'eau est que l'eau a une valeur économique et qu'elle doit être reconnue comme un bien économique. Cette disposition a été largement critiquée par certains activistes car elle reconnaît le fait de devoir faire payer l'eau, plutôt que de mettre en avant la nécessité de l'accès universel. Dans l'esprit des rédacteurs de la convention, reconnaître l'eau comme un bien économique, c'est lui reconnaître une valeur monétaire et donc inciter à une utilisation efficace de l'eau, et ainsi éviter son gaspillage et sa surexploitation.

Malgré la généralisation de la tarification depuis la Conférence internationale de Dublin, dans la plupart des pays industrialisés, comme en France, le prix de l'eau est bas, et pour certains usagers, l'eau est quasiment gratuite. Les usagers ne se rendent pas compte de sa fragilité et tendent à la gaspiller. Une critique que l'on peut faire au prix de l'eau est qu'il ne reflète pas la valeur de la ressource. Faut-il alors augmenter le prix de l'eau ?

C'est le choix délibéré de certains pays. Le Danemark, par exemple, a augmenté le prix de l'eau de plus de 50 % entre 1994 et 2003 pour tous les usagers[7]. Ces hausses de prix ont été assorties de campagnes de sensibilisation pour expliquer la nécessité de préserver l'eau. La consommation a baissé de 20 % sur la période. L'exemple danois montre qu'une hausse des prix peut permettre de réduire la consommation d'eau.

Néanmoins, l'augmentation du prix de l'eau pour gérer sa rareté a deux limites. En premier lieu, la hausse des prix frappe plus fortement les ménages les moins aisés. Par ailleurs, la baisse de la consommation d'eau ne peut pas aller jusqu'à sacrifier un niveau essentiel de consommation nécessaire pour répondre aux besoins humains.

Le problème n'est pas tant le prix de l'eau que le fait que certains usagers ne la paient pas ou bénéficient de tarifs préférentiels. Les raisons sont soit historiques, soit économiques, mais ces usagers sont souvent des agriculteurs ou des industriels, qui consomment des volumes d'eau importants.

Les agriculteurs, qui sont les principaux consommateurs d'eau[8], bénéficient de dérogations en matière de tarification de l'eau pour au moins deux raisons. La première est liée à leur métier. Compte tenu de leur usage massif d'eau brute, non potabilisée, les prélèvements opérés par les agriculteurs ne sont pas bien comptabilisés, et sont même parfois inconnus[9]. L'eau prélevée par les agriculteurs est intégralement consommée : les plantes ne restituent pas l'eau qu'elles ont absorbée. Du moins, elles ne la restituent pas localement – les plantes transpirent et l'eau rejoint ainsi son cycle sous forme de vapeur, avant de retomber ailleurs sous forme de précipitations. L'eau de l'agriculture est donc perdue ou déplacée, quand l'eau de l'industrie ou des usagers domestiques est quasiment totalement restituée là où elle a été prélevée.

La seconde raison est liée à la localisation des agriculteurs. Historiquement, l'eau potable distribuée en zone rurale était une eau de source ne faisant l'objet d'aucun traitement. Elle était donc gratuite. Maintenant que l'eau est traitée comme en zone urbaine, l'eau en zone rurale devrait y être beaucoup plus chère, en raison de coûts fixes par abonné beaucoup plus élevés. Mais différentes réductions tarifaires historiques sont toujours appliquées pour les agriculteurs, notamment parce que l'on ne peut pas toujours séparer l'usage individuel de l'usage professionnel[10].

Les industriels bénéficient aussi souvent de tarifs préférentiels. Il n'est pas rare d'observer une tarification dégressive de l'eau, dans laquelle le prix diminue avec la consommation, pour les industriels qui sont de gros consommateurs. Les communes y voient un moyen d'être attractives pour attirer des entreprises et des emplois. Les tarifications dégressives devraient être tout simplement interdites car elles vont à l'encontre de la préservation de la ressource.

Au-delà de l'aberration que constitue un tarif dégressif, la question qui se pose est celle de la généralisation des tarifs progressifs. Les tarifs progressifs consistent à mettre en place un tarif qui augmente en fonction du niveau de consommation de l'eau. En France, seuls 8 % des services publics d'eau pratiquent une telle tarification[11]. Le plan « eau » du gouvernement de mars 2023[12] va dans ce sens et plusieurs instances, notamment la Cour des comptes ou le Conseil économique, social et environnemental, soutiennent la tarification progressive de l'eau[13].

La mise en place de tarifs progressifs a été peu étudiée en France, en raison de la difficulté à obtenir les données individuelles des consommateurs. Une des rares études sur le sujet est celle que j'ai effectuée avec l'économiste Alexandre Mayol sur la mise en place d'une tarification progressive à Dunkerque[14]. Notre étude montre que le passage d'un prix unique de l'eau à un tarif progressif a entraîné des changements de comportements des ménages qui consommaient peu ou beaucoup d'eau. Les plus gros consommateurs ont diminué leur consommation, les petits consommateurs ont augmenté la leur. Sur l'ensemble de la collectivité, la tarification progressive a permis de réduire la consommation totale d'eau.

D'autres solutions permettent de casser la linéarité des tarifs actuels[15]. Il est par exemple possible de moduler les tarifs selon les saisons, en fonction des restrictions sur la ressource, ou selon les conditions sociales et économiques des usagers. Compte tenu des enjeux actuels, on peut même imaginer que l'on puisse mettre en place des tarifs progressifs pendant des périodes de sécheresse uniquement. Il y a eu en France une certaine inertie sur les tarifs, alors même que plusieurs lois ont incité à expérimenter des tarifs différenciés[16].

L'enjeu de la tarification de l'eau est de garantir l'accès universel à l'eau potable pour les usages domestiques en l'offrant à un prix abordable, tout en sauvegardant une ressource commune vitale. Il est fort probable que l'on ne puisse pas atteindre ces différents objectifs avec le seul instrument qu'est la tarification. La tarification doit néanmoins prendre en compte le fait que l'utilisation de l'eau pour les besoins personnels et domestiques est particulière[17]. Si des exceptions sont faites sur le prix de l'eau et son paiement, elles doivent avoir pour motif la dignité humaine[18].

La rémunération des opérateurs repose sur les volumes vendus

Le modèle économique de l'eau potable repose sur la quantité d'eau vendue. Les recettes des opérateurs, des agences de l'eau, et même de l'État, sont d'autant plus grandes que les volumes d'eau vendus sont élevés[19]. Ce mode de rémunération entre en conflit avec les objectifs de sobriété qui s'imposent aujourd'hui[20].

Pour les opérateurs, encourager les usagers à moins consommer revient à diminuer leurs recettes. Dans le même temps, les services d'eau doivent de plus en plus investir pour respecter des normes sanitaires et environnementales plus sévères. C'est un effet ciseau important : les recettes diminuent alors même que les coûts augmentent.

Une première solution – « business as usual » – pour les opérateurs est donc de gérer la rareté de l'eau par le mécanisme des prix. Les prix augmenteraient à mesure que l'eau se raréfie. Par exemple, selon le ministère de la Transition Écologique, la ressource disponible en eau renouvelable[21] a chuté de 14 % dans les années 2000 et 2010, au regard des années 1990. Le prix de l'eau pourrait augmenter en conséquence, voire plus que proportionnellement pour limiter la demande et prendre en compte le caractère fragile de la ressource.

Cette solution a d'une certaine manière déjà été adoptée par les opérateurs lors des années 2010. La consommation d'eau en France baisse tous les ans de 1 %. Face à cette diminution des volumes consommés, les opérateurs ont généralement augmenté le prix unitaire de l'eau en proportion pour maintenir leurs recettes. Cette situation a été largement tolérée car la facture finale pour l'usager reste inchangée.

Une autre solution, un « nouveau modèle économique de l'eau », consiste à changer le modèle de rémunération des opérateurs. Dans ce cas, on prend acte de la diminution des quantités d'eau disponible et on impulse un changement fondamental de modèle économique. On pourrait par exemple rémunérer les opérateurs sur la protection de la ressource, donc sur leur capacité à limiter les fuites. On peut aussi inventer de nouveaux mécanismes de financement reposant sur une baisse de la consommation et sur la rémunération de la sobriété des usagers, comme on le fait dans l'électricité. Ces différentes solutions sont détaillées dans la dernière partie du livre.

Une chose est sûre, le modèle traditionnel de gestion de l'eau potable qui consiste à capter, à traiter, à distribuer puis à collecter et à assainir doit évoluer. Les missions des opérateurs devront intégrer plus globalement des objectifs relatifs à la préservation de la ressource.

Les incitations à investir dans les réseaux d'eau sont faibles

Le sous-investissement dans les réseaux d'eau potable et d'assainissement est notable. Face à la vétusté du réseau, les assises de l'eau, une large concertation de terrain organisée en France en 2018-2019, estimaient nécessaire de renouveler 1 % du réseau potable d'eau français chaque année. Le niveau de fuites sur les réseaux d'eau potable est gargantuesque. 20 % de l'eau traitée est perdue, ce qui représente un milliard de mètres cubes d'eau tous les ans et un manque à gagner de plus d'un milliard d'euros pour l'industrie. Le taux de fuite moyen cache de grandes disparités, allant d'un niveau quasiment nul à plus de 50 % dans certaines communes rurales.

Les réseaux d'eau français ont été construits aux XIXe et XXe siècles et leur taux de renouvellement est faible. À peine 0,65 % des réseaux d'eau et d'assainissement est renouvelé tous les ans en moyenne, alors que les matériaux utilisés pour construire le réseau jusque dans les années 1960 et 1970 étaient de mauvaise qualité. Le renouvellement insuffisant des réseaux explique l'importance des pertes d'eau potable. Il faudrait un plan Marshall de 2 à 3 milliards d'euros par an pour renouveler chaque année 1 % des réseaux d'eau[22].

Il y a trois raisons qui expliquent ce taux de fuite. La première raison est technique. Les réseaux d'eau potable sont très mal connus des collectivités publiques. Dans les années 2000, la moitié des communes ne disposaient pas de l'historique des interventions sur le réseau, ou d'un système d'information géographique[23]. Aujourd'hui encore, une grande partie des services ne renseignent pas ces données pour leurs services d'eau et d'assainissement. Pourtant, la connaissance des réseaux permet de programmer les investissements permettant de maintenir les canalisations en bon état. Comment repérer les fuites si on ne sait même pas où est le réseau ?

La deuxième raison est le manque de régulation des fuites d'eau. Les opérateurs ou les collectivités n'étaient historiquement pas sanctionnés en cas de fuite excessive. Pour inciter les collectivités à diminuer les fuites sur les réseaux d'eau, la loi « Grenelle II » de 2010 a mis en place des cibles de réduction des fuites pour les services d'eau. Les services urbains ne doivent pas perdre plus de 15 % des volumes d'eau potable introduits dans le réseau et les services ruraux, du fait de leur moindre densité, ne doivent pas en perdre plus de 35 %[24]. Mais la sanction en cas de fuites élevées se traduit par un doublement de la redevance pour prélèvement sur la ressource en eau, qui peut être répercuté sur le consommateur. C'est donc le consommateur qui risque de s'acquitter du manque d'investissements sur le réseau d'eau, et pas la collectivité publique, qui en est pourtant propriétaire et responsable.

Enfin, la troisième raison est économique. L'eau n'est pas chère, donc on peut la gaspiller et reporter à plus tard les investissements. La tarification de l'eau doit encourager une utilisation plus efficace de l'eau pour générer des revenus et investir dans l'entretien et le renouvellement des systèmes d'eau.

Le principe « pollueur-payeur » a été transformé en « pollueur-payé »

Préserver l'eau implique aussi de moins la polluer. Le principe de pollueur-payeur, qui a valeur constitutionnelle en France, est très présent dans l'économie de l'eau mais il est mal appliqué. L'eau est très polluée : 56 % des masses d'eau de surface et 33 % des masses d'eau souterraines ne sont pas en bon état[25]. Dans l'Union européenne, la pollution diffuse par les nitrates et les pesticides est le principal facteur qui nuit à l'état des eaux souterraines. En France, 43 % des masses d'eau sont affectées par la pollution diffuse[26]. En même temps, l'industrie rejette plus de 3 000 substances chimiques différentes dans les cours d'eau[27]. Au niveau mondial, l'assainissement fait défaut et 80 % des eaux usées sont rejetées dans la nature, sans traitement[28]. Les données de la Commission européenne sur les fonds structurels et les investissements européens montrent que le traitement des eaux constitue le programme d'investissements le plus important, largement devant la gestion des déchets et la qualité de l'air[29]. De tels chiffres témoignent de la nécessité de bien appliquer le principe pollueur-payeur.

Dans les faits, le financement des politiques de l'eau repose largement sur l'usager domestique urbain, plus que sur les agriculteurs et les industriels. L'alimentation en eau potable ne représente que 16 % des prélèvements mais supporte 75 % des redevances sur les prélèvements d'eau. Dans certaines régions agricoles, comme le bassin rhodanien, l'irrigation représente 70 % des prélèvements d'eaux en surface, mais seulement 5 % du montant total des redevances[30]. Il en est de même pour les redevances de pollution, majoritairement supportées par les usagers de l'eau potable.

La Cour des comptes a d'ailleurs pointé du doigt le problème du financement de l'eau dans divers rapports. En 2003, les sages de la rue Cambon avaient même labellisé le principe « pollueur – pas payeur – bénéficiaire » : les agriculteurs bénéficient des aides des agences de l'eau tout en polluant et sans payer la juste contribution[31]. Pour la Cour, la logique du pollueur-payeur est complètement inversée : les ménages paient les efforts de dépollution qui devraient incomber à l'agriculture et aux industriels.

Ce n'est pas tant le paiement par les ménages qui pose problème que le niveau de pollution des nappes. En effet, les redevances ne sont pas utilisées comme des outils incitatifs de fiscalité environnementale, mais simplement comme un moyen de financer la politique de l'eau. Cela se traduit *in fine* par des actions curatives de réparation de la pollution, plutôt que par une dissuasion préventive. Or, compte tenu de l'état de la ressource, mieux vaut prévenir que guérir.

L'État est en partie responsable de cette mauvaise application du pollueur-payeur. Les redevances ont été qualifiées d'imposition[32], permettant à l'État d'utiliser des recettes pour conduire des politiques éloignées de la gestion de l'eau. Dans les années récentes, la règle du « plafond mordant », qui plafonnait le produit global des redevances et permettait à l'État de récupérer le surplus, n'a pas incité les agences à adapter le niveau des redevances en fonction de l'urgence environnementale.

Pourtant, l'État dispose d'une panoplie complète d'outils lui permettant d'inciter à dépolluer. Il peut par exemple tout simplement répercuter les coûts générés par les polluants rejetés dans les redevances payées par les pollueurs. L'application de cette règle est difficile pour l'agriculture, et perçue comme injuste, car la pollution est largement diffuse et les responsables difficiles à identifier. Le relèvement de la redevance pour pollutions diffuses discuté dans la loi de finances 2024, puis abandonné par le gouvernement, témoigne de ces difficultés. Mais la règle est d'autant plus acceptable qu'elle est assortie d'incitations poussant vers des substituts des produits polluants.

Par ailleurs, il n'est actuellement pas possible de moduler les redevances en fonction de différents critères, pour les adapter aux situations locales. Par exemple, on pourrait imaginer des taux minorés ou majorés selon l'état écologique de la ressource ou le niveau de pollution, même si ces deux éléments ne sont pas toujours connus et bien mesurés. De même, la décision de retirer le plafonnement des redevances doit conduire à une réflexion sur la progressivité de ces redevances selon le volume d'eau prélevé. La réforme des redevances décidée fin 2023 va dans le sens d'une différenciation entre collectivités, selon le taux de fuites par exemple[33].

Le principe pollueur-payeur est fondamental dans le droit de l'eau. Compte tenu de l'impact de l'eau sur la dignité humaine et sur l'environnement, il est nécessaire de mettre en place des mesures plus préventives que curatives, et incitant réellement le pollueur à payer l'ensemble des coûts liés à la réparation. La récente réforme des redevances prévoit un rééquilibrage des contributions agricoles et industrielles, mais il faudra aller de plus en plus vers la pénalisation de certains usages plutôt que de certains usagers.

Il faut faire évoluer le modèle économique de l'eau, ce qui implique de repenser la tarification de l'eau pour tous les usages, de faire évoluer le mode de rémunération des opérateurs des services d'eau potable et d'assainissement, et de permettre une application plus efficace du principe pollueur-payeur.

Pedro Arrojo-Agudo, rapporteur spécial sur les droits de l'homme à l'eau potable et à l'assainissement aux Nations unies, propose de catégoriser les usages de l'eau selon leur importance[34]. Il distingue l'eau « pour la vie » qui met en avant les droits humains et la sauvegarde de la biodiversité pour laquelle il ne doit pas y avoir de rareté. Il y a ensuite l'eau pour l'intérêt général de la société qui consiste à utiliser une tarification progressive, et l'eau pour le niveau de vie qui va vers la pleine récupération des coûts. L'eau « crime », qui regroupe les usages qui imposent rejets polluants ou la surexploitation, doit être interdite. Une telle catégorisation, qui est largement discutable, peut néanmoins amener à penser à des modes de tarification différents et à hiérarchiser les usages.

Le mécanisme de prix ne peut pas à lui tout seul permettre de gérer la rareté, l'accès à l'eau, ou le respect de la qualité. Il faut inventer un nouveau modèle économique de l'eau, dans lequel la rémunération se fait, au moins en partie, sur la diminution de la consommation et de la pollution de l'eau[35].

Chapitre 6

La difficile régulation économique du service public de l'eau

Au XIXe siècle, dans les pays industrialisés, l'édification des réseaux a été opérée de manière localisée pour accompagner la croissance urbaine. En raison de coûts prohibitifs rendant la duplication des réseaux peu viable, l'entité exploitant le réseau d'eau se retrouve en situation de monopole naturel sur le territoire qu'elle couvre. Les usagers doivent se contenter du service qu'on leur offre, sans possibilité de choisir un autre fournisseur que celui de leur municipalité en cas de mécontentement. Ce monopole laisse l'opérateur en charge du réseau d'eau sans concurrent direct, suscitant la tentation de laisser filer les coûts, d'augmenter les prix ou de compromettre la qualité de service.

Les modèles de régulation économique de l'eau potable ont été construits de manière à encadrer le prix de l'eau et à instaurer une concurrence artificielle pour les opérateurs des réseaux publics d'eau. Cependant, la régulation en vigueur du service public de l'eau ne permet plus de répondre aux enjeux actuels. La régulation tarifaire peut freiner l'investissement et la mise en place d'innovations, tandis que la mise en place de mécanismes concurrentiels s'avère souvent insuffisante pour stimuler la concurrence. Il devient impératif de repenser les modes de régulation pour mieux répondre aux défis du secteur de l'eau potable.

La régulation tarifaire : encadrer les marges des opérateurs ou les inciter à investir ?

Le modèle économique de l'eau repose sur le principe selon lequel « l'eau paye l'eau », instauré par la directive-cadre européenne de 2000 sur l'eau. Ce principe vise à encadrer le pouvoir de monopole des services publics de l'eau de trois manières. Il indique d'abord que le prix de vente de l'eau doit couvrir son coût de production pour assurer la durabilité économique des services. Ainsi, le prix doit refléter l'ensemble des coûts relatifs à la production et à la distribution de l'eau, y compris les coûts environnementaux et ceux liés au maintien de la ressource.

Le deuxième objectif du principe est de reconnaître la nature spécifique de l'eau en limitant les marges des opérateurs. L'eau est en effet un bien marchand mais avec des caractéristiques de bien commun et il faut donc en permettre l'accès au plus grand nombre. Enfin, le principe édicté par l'Union européenne a également pour objectif d'assurer la perméabilité des comptes. Il assure que toutes les recettes du service de l'eau ne proviennent que de la vente d'eau et ne sont pas utilisées pour financer d'autres services publics.

Dans les faits, le principe selon lequel l'eau doit payer l'eau se traduit par deux modes de régulation tarifaire qui ont été largement formalisés par deux économistes français, Jean-Jacques Laffont et Jean Tirole[1]. L'autorité organisatrice du service public de l'eau peut soit fixer le prix du service (*price cap*), soit fixer le coût du service (*cost plus*).

Dans le premier modèle de régulation tarifaire, le *price cap*, l'opérateur se voit attribuer un objectif de prix à respecter et est donc incité à diminuer ses coûts de manière à augmenter son profit. L'évolution des prix est généralement déterminée pour une certaine durée avec une formule d'augmentation du prix qui suit l'inflation des coûts. Ce modèle a l'avantage d'être lisible pour tous les acteurs et laisse la possibilité à l'opérateur de tirer un profit s'il arrive à diminuer les coûts de réalisation du service.

Le modèle de *price cap* est donc largement utilisé pour les services d'eau potable dans les pays industrialisés. En effet, la lecture des autorités publiques est que, les réseaux étant déjà construits, les coûts des services d'eau sont essentiellement liés à l'exploitation du service, plus qu'à des investissements. Un prix fixe permet donc d'éviter que les coûts d'exploitation et les prix ne s'envolent, en raison de la situation de monopole de l'opérateur.

Néanmoins, cette forme de régulation tarifaire comporte plusieurs limites. Elle peut être considérée comme laxiste car le régulateur ne fixe que des prix plafonds pour chaque service, et non directement le prix de chaque service. Autrement dit, on admet que certains opérateurs puissent exploiter les failles du système de régulation mis en place en proposant un tarif égal au prix plafond alors qu'ils pourraient proposer un prix plus bas. Certains opérateurs n'auraient donc aucune incitation à chercher les moyens de diminuer leurs coûts et les consommateurs ne profiteraient pas de baisses de prix.

En revanche, l'utilisation du *price cap* n'est pas propice aux investissements sur le réseau et peut même entraîner une dégradation de la qualité du service. Le prix plafond peut être trop bas pour certains services, entraînant des reports d'investissements, si ce ne sont des pertes financières. Cette situation conduit à sous-investir sur le réseau et entraînerait une dégradation de la qualité du service. En France, environ 1 milliard de mètres cubes d'eau potable sont perdus tous les ans. La raison est que les opérateurs n'ont pas vraiment intérêt à réparer les fuites sur les réseaux tant que leur niveau est acceptable. De même, un opérateur n'a pas intérêt à équiper son réseau de distribution de systèmes d'information permettant de repérer les fuites d'eau car sa marge diminuerait drastiquement. Lorsque les besoins en investissements sont importants, le *price cap* s'avère un modèle de régulation tarifaire inefficace.

Dans le second modèle de régulation tarifaire, le *cost plus*, l'opérateur reçoit une rémunération lui permettant de couvrir l'intégralité de ses coûts de production, avec généralement une petite prime supplémentaire. Ce modèle de rémunération est adopté quand les opérateurs demandent que leurs coûts soient entièrement couverts, par exemple parce que l'activité est risquée ou nécessite des investissements dont le montant est incertain.

Comme l'opérateur du service doit reporter ses coûts pour être remboursé, l'autorité régulatrice a une connaissance exhaustive des coûts du service. En ce sens, le *cost plus* est plus avantageux que le *price cap* du point de vue de l'information révélée au régulateur sur les investissements réalisés par l'opérateur. En revanche, celui-ci n'a aucun intérêt à diminuer ses coûts de production. L'opérateur peut aussi être tenté de mentir sur le niveau des coûts, ou de dépenser inutilement, pour pouvoir récupérer une rémunération plus importante que ce qui serait réellement nécessaire. Une telle situation est d'autant plus probable dans le secteur de l'eau potable que les services sont techniques, les communes n'ont souvent pas les compétences pour vérifier la véracité des coûts indiqués par les opérateurs. De même, le réseau n'étant pas visible, il est facile de mentir sur son état. Ce modèle de rémunération peut donc inciter les opérateurs à être moins économes mais il peut être utile pour attirer des financements, car les opérateurs ont la garantie que les dépenses engagées seront remboursées. Il est donc intéressant d'adopter l'une ou l'autre des formes de régulation tarifaire, selon que les besoins en investissement sont importants ou non.

Face aux enjeux actuels, il faut trouver un mode de rémunération pouvant coupler à la fois l'encadrement des marges des opérateurs et l'incitation à investir sur les réseaux. C'est dans cette optique que le régulateur italien de l'eau et de l'énergie a mis en place une formule permettant de calculer l'évolution du prix selon différents cas de figure. Par exemple, si l'opérateur prévoit des investissements élevés sur le réseau et une amélioration de la qualité de son service, le prix de l'eau peut augmenter jusqu'à 9 % par an. À l'inverse, un opérateur qui ne prévoit aucun investissement ou aucune modification de la qualité de son service est soumis à une augmentation du prix de 6 % maximum. Un tel modèle combine les avantages des différents modèles de régulation tarifaire. Il permet d'encadrer l'évolution des prix pour les usagers tout en forçant les opérateurs à dévoiler des informations sur leur plan d'investissement au régulateur.

Les besoins d'investissement sur les services d'eau pour s'adapter au changement climatique imposent de repenser les modèles traditionnels de régulation tarifaire de manière à ce qu'ils incitent à mettre en place des innovations sur les services[2].

L'ouverture à la concurrence du service d'eau : la concurrence pour le marché

Le service public de l'eau étant un monopole naturel, les autorités publiques ont cherché des moyens de promouvoir la concurrence pour limiter les effets négatifs d'un tel monopole. Le premier modèle d'ouverture à la concurrence passe par un système d'enchères dans lequel chaque opérateur qui candidate propose une offre. L'autorité délégatrice choisit ensuite l'opérateur dont l'offre est la plus satisfaisante. Une telle mise en concurrence présente des avantages mais aussi des inconvénients, particulièrement dans le secteur de l'eau où les opérateurs sont peu nombreux.

Les économistes ont résumé avec beaucoup de prose le concept de régulation par les enchères : quand il n'est pas possible de faire concurrence *par* le marché, c'est-à-dire d'avoir différentes entreprises sur le même marché, il faut faire concurrence *pour* le marché, c'est-à-dire mettre aux enchères l'exploitation du monopole du service public de l'eau[3]. La concurrence pour le marché permet de rendre le monopole temporaire et contestable[4] : l'opérateur en monopole se comporte alors comme s'il était en concurrence, cherche à baisser ses coûts et offre un prix raisonnable. La situation de monopole est ainsi satisfaisante pour la société dans son ensemble car si l'entreprise sélectionnée n'est pas performante, elle perdra le marché au prochain appel d'offres et sera remplacée par une autre entreprise plus compétitive. La concurrence pour le marché permet donc de diminuer les effets négatifs de la situation de monopole.

C'est ce modèle de régulation qui a été adopté en France. Au sein de ce système, l'autorité organisatrice du service, qu'il s'agisse d'une commune ou d'un regroupement de communes, organise les services publics de l'eau et de l'assainissement comme elle l'entend. Elle peut soit déléguer la gestion du service à une entreprise privée, soit gérer directement le service, avec une régie. Lorsqu'une délégation est choisie, les objectifs de performance du service, notamment le tarif et les modalités d'ajustement des coûts, sont définis dans le cadre d'un contrat entre l'opérateur et l'autorité organisatrice. L'autorité publique reste propriétaire des infrastructures. Elle assure la régulation du service public local et en est responsable, notamment en ce qui concerne la continuité du service. Sur le papier, le système offre un certain nombre de garanties : la mise en concurrence des opérateurs est possible, répondant ainsi aux problèmes relatifs au monopole naturel, et les autorités publiques possèdent une liberté d'organisation et sont garantes de la stabilité de la qualité du service.

Le modèle de concurrence pour le marché comprend néanmoins trois limites[5], qui ont été largement discutées par Oliver Williamson, prix Nobel d'économie[6]. La première limite est la « malédiction du vainqueur ».

L'entreprise qui propose le prix le plus bas dans une enchère est souvent celle qui est la plus optimiste sur l'évolution de la demande. Or, si la demande s'avère être trop faible par rapport aux prévisions, l'entreprise n'aura pas suffisamment de temps pour amortir ses investissements et subira des pertes substantielles. Williamson prend ici le point de vue de l'entreprise délégataire mais on peut très bien imaginer le même problème du point de vue de la collectivité publique : en fonction de croyances fausses sur l'évolution des conditions du service, celle-ci peut en effet choisir le mauvais exploitant, ou même penser que la gestion directe par la municipalité sera plus performante, ce qui peut ne pas être le cas.

La deuxième limite identifiée par Williamson est comportementale. L'entreprise délégataire ou l'autorité publique peuvent être tentées de se comporter de manière opportuniste pendant le déroulement du contrat. En clair, chacune des parties peut avoir envie de rouler l'autre dans la farine. L'opportunisme se manifeste par la présentation d'offres délibérément irréalistes lors de l'appel d'offres, suivies d'une renégociation ultérieure de certains aspects du contrat après la signature. Cela se produit alors même que la partie ayant initié la renégociation est consciente, dès le début du contrat, que les termes convenus ne pourraient être respectés. En Amérique latine, dans les années 1990 et 2000, environ 90 % des contrats de concession sur l'eau ont été renégociés moins de deux ans après leur signature[7]. Toute relation contractuelle peut donc être teintée d'opportunisme. Mais le risque d'opportunisme est d'autant plus grand dans l'eau et l'assainissement que les services sont techniques, qu'il y a peu d'entreprises se faisant concurrence et que le système d'enchères débouche sur l'obtention d'un monopole pour l'opérateur qui remporte l'appel d'offres.

Une dernière limite aux délégations de service public vient du fait que les délégataires, une fois sélectionnés, tendent à être renouvelés systématiquement à la fin du contrat, créant une certaine inertie. Williamson appelle ce phénomène la « transformation fondamentale » car elle modifie profondément la relation contractuelle entre l'autorité délégante et l'opérateur sélectionné. En raison du savoir-faire accumulé sur le service et les investissements réalisés, il devient difficile pour l'autorité publique de remplacer l'opérateur. Les données en France montrent que 90 % des contrats de délégation dans le service public de l'eau et de l'assainissement sont renouvelés avec les mêmes opérateurs[8]. La réponse du législateur français a été d'encadrer la durée maximale d'un contrat de concession en matière d'eau à vingt ans. L'idée est que la municipalité puisse renégocier relativement régulièrement les termes du contrat, au regard des performances de l'opérateur.

Néanmoins, des contrats trop courts peuvent aussi entraîner un manque d'investissements sur les réseaux car les sommes engagées ne pourront pas être rentabilisées sur la durée du contrat. De même, l'opérateur peut ne pas avoir intérêt à réduire les coûts du service car il anticipe que la municipalité demandera des baisses de tarifs lors de la réouverture aux enchères du contrat de concession. La possibilité pour un opérateur d'être renouvelé dans son contrat de concession est une forme d'incitation à améliorer sa performance. Jean-Jacques Laffont et Jean Tirole mettent en avant l'idée qu'un avantage donné à l'opérateur sortant au moment du renouvellement n'est pas forcément négatif. Mais pour inciter un opérateur à toujours fournir un certain niveau d'effort, il faut que ces incitations à améliorer la qualité deviennent de plus en plus fortes au fil du temps. Autrement dit, de la même manière que l'entreprise doit s'engager à améliorer la qualité du service, l'autorité organisatrice doit s'engager à ne pas confisquer les bénéfices de l'entreprise privée pour l'inciter à améliorer la performance des services. Même avec des contrats relativement courts, l'engagement à long terme des partenaires est donc nécessaire.

L'établissement de relations de long terme entre des parties contractantes est d'ailleurs un des objets d'étude d'Oliver Hart, également prix Nobel d'économie. Pour Oliver Hart, l'inertie qui existe entre deux parties contractantes n'est néanmoins pas forcément défavorable si des échanges réguliers autour d'une perspective de long terme sur la réalisation des objectifs du contrat ont lieu, que des remises en concurrence régulières existent et que la possibilité de passer d'un délégataire à un autre ou de remunicipaliser le service est crédible. La moindre durée de la longueur des contrats de concession permet la remise en concurrence plus régulière mais ne permet pas de mieux intégrer le long terme dans les échanges entre les parties. Tout l'enjeu de la régulation par les enchères dans les industries de réseau est donc de créer un engagement de long terme entre les parties, tout en renforçant la possibilité de pouvoir mettre fin à un contrat qui ne fonctionne pas.

La régulation par les enchères a été historiquement mise en place pour éviter les abus liés aux monopoles publics de l'eau et permettre au secteur privé de gérer des réseaux d'eau. Mais elle ne permet pas réellement de recréer de la concurrence, ni d'améliorer automatiquement la performance du service. Compte tenu de la structure du marché de l'eau et des besoins d'investissements sur le long terme, il faut plutôt renforcer l'agilité des parties à s'engager dans des partenariats durables. Ce qui compte n'est pas tant le contenu du contrat que l'atmosphère dans laquelle il est réalisé.

L'évaluation de la performance des services d'eau : la concurrence par comparaison

Une approche originale de la mise en concurrence des opérateurs consiste à comparer la performance de services qui sont relativement similaires, de manière à identifier les bonnes pratiques. On parle de concurrence par comparaison. Sur la forme, la concurrence par comparaison peut consister à déterminer pour chaque service des cibles de performance à atteindre, et à éventuellement pénaliser les services les moins performants ou à rémunérer les services les plus performants. La concurrence par comparaison peut même déboucher sur un classement des services, de manière à inciter les services mal classés à améliorer leur performance et à encourager les services bien classés à maintenir leur performance. Les cibles et les classements peuvent être publics, ou communiqués uniquement aux services pour leur information. La concurrence par comparaison a été expérimentée pour de nombreux services publics (eau, électricité, hôpitaux, transports, etc.) dans le monde[9].

Dans le secteur de l'eau, la concurrence par comparaison est utilisée en Angleterre et au pays de Galles. Elle repose sur deux éléments : la mise en place de cibles d'évolution des prix révisées tous les cinq ans et un classement annuel des opérateurs. Les cibles d'évolution des prix sont déterminées pour chaque service en prenant en compte l'amélioration de l'efficacité de l'ensemble de l'industrie et celle de chaque service pris séparément. Quand la performance d'un opérateur est en dessous d'un niveau considéré comme acceptable, le régulateur demande à l'opérateur une explication et un plan d'action permettant d'améliorer la performance. La régulation opérée est dite incitative : en donnant des cibles de performance personnalisées, et en classant les opérateurs, le régulateur les incite à devenir plus performants.

La concurrence par comparaison à l'anglaise utilise donc un système de *price cap* amélioré, qui prend en compte les caractéristiques de chaque service pris séparément. Cette solution est aussi plus élaborée que de comparer les prix de chaque opérateur à une cible qui serait identique pour tous les opérateurs, comme par exemple la moyenne nationale. Le succès de la concurrence par comparaison repose donc sur la récolte et l'analyse des données des opérateurs pour déterminer s'ils sont performants. En ayant accès aux données, le régulateur casse l'asymétrie d'information qui existe vis-à-vis des opérateurs. En effet, ceux-ci doivent communiquer des informations sur leurs services de manière à recevoir des cibles appropriées pour déterminer s'ils sont performants ou non. Le régulateur est évidemment chargé de vérifier la véracité des informations pour que les cibles soient adéquates.

Par ailleurs, le régulateur anglais publie tous les ans un classement des performances des services d'eau sur différents critères techniques. Ce classement n'entraîne pas de sanctions ou de récompenses mais met en lumière les bonnes pratiques des opérateurs. L'objectif n'est donc pas de taper dans le portefeuille des opérateurs mais plutôt d'agir sur leur réputation.

Mon ancien collègue de la London School of Economics, Gwyn Bevan, avec lequel j'ai enseigné plusieurs années le cours d'analyse des politiques publiques, voit dans les classements une manière efficace d'améliorer la performance des services publics. Ses recherches sur les systèmes de santé montrent que la mise en place de classements publics se traduit systématiquement par une amélioration de la performance des établissements[10]. Selon lui, les coûts réputationnels des classements pour les services les moins performants, l'émulation de la comparaison avec les autres services et l'apprentissage par les pairs sont de bien meilleures incitations que des sanctions ou des récompenses financières. L'argument de Gwyn est que les classements publics rappellent aux individus qui ont choisi de travailler dans des services publics leur vocation première : être mal classés reviendrait à trahir leurs idéaux. De même, dans des services privatisés, la mise en lumière des mauvaises pratiques devrait entraîner le mécontentement des actionnaires qui mettraient ensuite la pression aux dirigeants pour qu'ils améliorent la performance de l'entreprise opératrice. Les incitations réputationnelles peuvent donc être plus efficaces que les incitations financières.

Il faut néanmoins souligner certaines limites à la mise en place de classements publics comme outil de régulation incitative. Un classement n'est vraiment incitatif que si un consensus fort existe autour de l'application d'un tel mécanisme de la part des principaux intéressés. Autrement dit, il faut que l'autorité morale du régulateur soit reconnue, que les opérateurs et leurs actionnaires soient soucieux de leur réputation et jouent le jeu, et que les usagers soient au courant de l'existence du classement et puissent exprimer leur mécontentement. Toutes ces conditions doivent être réunies simultanément pour qu'un classement public puisse inciter les opérateurs à être plus performants.

La mise en place d'une concurrence par comparaison peut aussi entraîner des rapports de force entre les différents acteurs. Les méthodes ou les variables utilisées peuvent être par exemple contestées par les opérateurs qui disposent souvent d'une connaissance technique et d'un pouvoir financier supérieurs à celui des régulateurs. Les opérateurs sont aussi tentés d'utiliser leur connaissance technique pour négocier avec le régulateur sur les critères à prendre en compte dans la comparaison, voire édicter eux-mêmes ces critères. George Stigler, prix Nobel d'économie, a appelé ce phénomène la « capture de la régulation[11] » : tout acteur qui a assez de pouvoir cherchera à contrôler la régulation pour qu'elle soit exploitée à son profit. La régulation relative à une industrie peut finir par être conçue de manière à servir les organisations qu'elle doit réguler.

Par ailleurs, le régulateur national n'étant pas élu, il ne représente pas les communautés locales, et n'a donc aucune autorité démocratique. Les élus et les entreprises privées peuvent donc contester son autorité en raison de ce déficit démocratique. Quelle est la légitimité d'un régulateur à fixer des cibles de prix alors que les autorités publiques et les entreprises privées se sont mises d'accord sur un certain niveau de prix ?

Enfin, dans le secteur de l'eau potable en particulier, les usagers sont incapables de sanctionner les services sous-performants en refusant de les utiliser. Un usager mécontent des retards dans le métro peut toujours prendre son vélo ou le bus. Mais si le service d'eau est inefficace, les usagers ne disposent pas vraiment de service de substitution, et doivent se contenter de ce que leur offre leur opérateur.

Il est évidemment possible d'agir pour renforcer le pouvoir de la concurrence par comparaison. L'autorité morale du régulateur dépend par exemple de sa capacité à publier des informations fiables, à montrer ses capacités d'expertise, et à communiquer ses conclusions auprès du grand public. La diffusion et la publicité des rapports du régulateur dans les médias permettent de sensibiliser les usagers et le grand public à la performance des services publics. Sans autorité morale du régulateur et sans diffusion large des résultats du classement, il est peu probable que la mise en lumière des services sous ou surperformants puisse affecter le capital réputationnel des entreprises. Un coup de projecteur sur les performances des opérateurs ne suffit pas à rendre performante une industrie; la régulation incitative se construit dans la durée.

La concurrence par comparaison a donc de nombreuses limites. Selon les contextes, elle n'est pas aussi incitative que les régulateurs ou les théoriciens peuvent l'imaginer. Pour être plus incitative, on pourrait concevoir un modèle de concurrence par comparaison qui s'accompagnerait de sanctions et de récompenses. Par exemple, le régulateur pourrait sanctionner un opérateur qui se contente de respecter les cibles de performance alors qu'il pourrait faire mieux, et à l'inverse récompenser un opérateur qui a réinvesti ses marges exceptionnelles dans l'amélioration de la qualité du service. Chaque opérateur serait ainsi incité à améliorer continuellement ses performances.

Faut-il un régulateur national de l'eau ?

La mise en place d'un régulateur dédié à l'économie du service public de l'eau et de l'assainissement à l'échelle nationale a été largement adoptée dans le monde, mais pas en France. Il faut préciser ici que l'on s'intéresse à la régulation économique, au sens du contrôle des prix et de l'organisation de la concurrence, et non au contrôle de la qualité de l'eau, qui est généralement assurée par le ministère de la Santé ou par une agence indépendante, comme l'Environmental Protection Agency aux États-Unis. En France par exemple, la qualité de l'eau est surveillée par le ministère de la Santé et les autorités publiques locales sont responsables de la régulation économique de leur service d'eau potable. On peut parler d'une régulation économique « décentralisée ». À l'inverse, l'Angleterre, le Chili, le Pérou et le Portugal, pour ne citer qu'eux, ont des régulateurs nationaux chargés d'assurer la régulation économique des services d'eau et d'assainissement. Ce modèle de régulateur économique « centralisé » de l'eau peut prendre différentes formes. Le régulateur peut relever d'un ministère comme c'est le cas au Chili et au Pérou, ou être une autorité indépendante comme en Angleterre et au Portugal.

Les régulateurs économiques ont généralement pour objectif de contrôler le niveau des prix mis en place par les exploitants. Par exemple, le régulateur portugais passe en revue les prix proposés par les services d'eau, peut auditer des services dont le prix paraît excessif ou sous-évalué, et faire des recommandations sur les niveaux de prix. En Italie, le régulateur a mis en place une méthodologie tarifaire conditionnant les augmentations de prix à des investissements sur le réseau. En Angleterre et au pays de Galles, où les services d'eau et d'assainissement sont privatisés, le régulateur fait tous les cinq ans une revue des prix de l'eau avec une cible d'évolution maximale des prix pour chaque service. On voit donc que le pouvoir de régulation peut être plus ou moins coercitif, de la simple recommandation à la fixation d'un prix plafond.

Il faut aussi noter les différences de périmètres d'intervention des régulateurs qui reflètent l'organisation des services d'eau et d'assainissement de chaque pays. Aux États-Unis, les régulateurs de chaque État contrôlent les prix des délégataires privés mais pas ceux des services en régie. En Amérique latine, une régulation tarifaire à l'anglaise a été largement généralisée même si, dans la plupart des cas, l'organisation du service est effectuée par les acteurs publics locaux. Il est donc possible de combiner une régulation centralisée à une organisation plus décentralisée des services publics de l'eau.

En France, il n'y a pas de régulateur mais il y a l'Office français de la biodiversité qui contribue à l'exercice de la police de l'eau et à la mise en œuvre des politiques publiques de l'eau. L'Office français de la biodiversité a aussi récupéré la gestion de Services EauFrance qui recueille tous les ans les données de performance des services d'eau. Si ces données permettent des comparaisons de moyennes, elles sont loin d'être toujours fiables[12]. Il manque un service ayant les compétences statistiques pour assurer une véritable régulation par les indicateurs.

Le traitement des données pourrait permettre des comparaisons et communiquer, au moins à titre privé, aux différents services des éléments permettant de les comparer à des services ayant les mêmes caractéristiques.

De même, on pourrait imaginer que le contrôle et la comparaison des services d'eau potable puissent se faire par une autorité indépendante à la demande des autorités publiques locales, plutôt que de reposer uniquement sur ces dernières. Combiner une régulation décentralisée à une autre forme de régulation plus centralisée permettrait ainsi d'observer les différences de performance entre services.

En conclusion, les pouvoirs publics ont mis en place dans différents pays des outils de régulation limitant le pouvoir de monopole que détient l'opérateur d'un service d'eau potable. D'une régulation uniquement tarifaire basique, la régulation est devenue plus incitative. En France, l'amélioration du service public de l'eau potable passe aujourd'hui par une remise à niveau de la régulation tarifaire pour qu'elle permette de répondre aux objectifs de durabilité des services. Il ne s'agit plus seulement de contrôler le niveau de prix des opérateurs mais de les inciter aussi à investir plus et à mettre en place les innovations nécessaires et déjà connues. Et il faut associer à la régulation locale des services une forme de régulation centralisée au niveau national, permettant ainsi de collecter des informations fiables sur l'ensemble des services et faire en sorte que la concurrence par comparaison fonctionne de manière optimale.

Chapitre 7

La gestion du service public de l'eau en France : de la privatisation à la remunicipalisation

En 1985, Jacques Chirac, alors maire de Paris, a pris la décision de confier à deux entreprises privées la gestion de l'eau de la ville. C'était un an avant qu'il soit nommé Premier ministre et qu'il applique une politique de libéralisation de l'économie. Chirac avait élaboré le brouillon de sa feuille de route en tant que Premier ministre lorsqu'il était maire de Paris. En quelques années, il avait confié au secteur privé plus de quatorze tâches d'intérêt collectif. Chirac rompait avec le socialisme municipal : moins de public, moins d'impôts, plus de liberté étaient les maîtres mots.

Vingt ans après, alors que Jacques Chirac était président de la République, l'idée de remunicipaliser le service de l'eau potable avait pris de l'ampleur du côté du maire de Paris de l'époque, Bertrand Delanoë. Celui-ci en avait même fait une promesse de campagne lors de l'élection de

2008. L'opacité de la gestion et le niveau des prix étaient régulièrement mis en avant pour expliquer le retour à une gestion publique. En 2009, Paris est la première grande ville française à reprendre en main la gestion de l'eau.

Cet épisode parisien témoigne des enjeux relatifs à la privatisation du service public de l'eau. D'un côté, les entreprises privées seraient plus performantes et permettraient de faire des économies. De l'autre, elles se caractérisaient par un manque de transparence et des tarifs plus élevés.

La question de confier la gestion des réseaux d'eau à des entreprises privées suscite des débats partout dans le monde, mais ces débats ont été particulièrement forts en France au cours des vingt dernières années. La moitié des remunicipalisations dans le monde ont eu lieu en France[1]. Alors que cette dernière connaît aujourd'hui un mouvement de remunicipalisation de la gestion de l'eau, la participation des entreprises privées est de plus en plus remise en question. Faut-il déprivatiser la gestion de l'eau en France?

Les études sur le cas français montrent que la gestion de l'eau par des entreprises privées n'est pas moins performante que la gestion directe par les autorités publiques locales. Dans la perspective des défis à venir, ce qui compte le plus n'est pas le mode de gestion, mais plutôt la capacité à exploiter au mieux les compétences des entreprises privées et des acteurs publics pour y faire face.

Le développement historique de la gestion de l'eau par des entreprises privées en France

Comme dans la plupart des pays industrialisés, en France, les réseaux d'eau potable ont été construits par les communes, ou du moins sous leur responsabilité. La France se distingue néanmoins d'autres pays par deux éléments : la création précoce d'entreprises privées de l'eau et le nombre important de communes. Ce sont ces deux caractéristiques qui expliquent un tel développement de la gestion de l'eau par des entreprises privées en France, que l'on ne retrouve pas, par exemple, aux États-Unis, pays du capitalisme pur et dur.

Au début du XIXe siècle, alors que d'autres grandes villes européennes comme Londres disposaient déjà de leur propre réseau d'eau, Paris faisait figure de mauvais élève en termes d'infrastructures. Dans la capitale française, la conviction qui s'est formée petit à petit était que le recours à une entreprise privée pour développer le réseau était nécessaire[2]. Dans ses recherches, l'économiste Christophe Defeuilley a montré qu'entre 1820 et 1840 les pouvoirs publics parisiens ont tenté en vain d'attirer des capitaux privés, notamment ceux de la compagnie anglaise qui a créé le réseau londonien, la New River Company[3]. Trop frileuse, la compagnie anglaise n'a pas souhaité entrer sur le marché parisien. La volonté d'associer le secteur privé était donc née mais il manquait une entreprise capable d'apporter les capitaux nécessaires à la construction du réseau parisien.

La France se caractérise par la création précoce d'entreprises privées de l'eau. Si la Compagnie des eaux de Paris, gérée par les frères Périer, a fait rapidement faillite[4], deux autres acteurs de l'eau ont émergé au moment où les réseaux municipaux d'eau ont été construits, et vont accompagner leur développement. La Compagnie générale des eaux, l'ancêtre de Veolia, et la Lyonnaise des eaux, maintenant Suez, ont été créées respectivement en 1853 et en 1867. Au cours du XIXe siècle, la Compagnie générale des eaux gérait des réseaux d'eau de banlieue parisienne, mais aussi ceux de Nantes et de Lyon. De son côté, la Lyonnaise des eaux s'occupait des réseaux d'eau de Toulon, Dunkerque et Bordeaux. Les deux entreprises ont eu une logique d'expansion singulière sur le territoire français, mais aussi en dehors des frontières françaises.

Le modèle français de gestion de l'eau est né. La délégation de service public consiste à déléguer à une entreprise privée la gestion du service public, tout en conservant la propriété des actifs. Il y a deux modèles de gestion déléguée qui ont été largement diffusés en France : la concession et l'affermage. En concession, le réseau doit être construit ou développé et l'opérateur privé prend en charge une partie de ces investissements. En affermage, l'opérateur privé ne fait que gérer le service public et se contente de quelques investissements de maintenance car le réseau préexiste. Dans le modèle français de gestion privée de l'eau, les opérateurs privés ne détiennent pas l'infrastructure du réseau, ils ne font que l'exploiter et supportent le risque lié à l'évolution de la demande. Le premier contrat de concession de la Compagnie générale des eaux pour Lyon (1853) va dans ce sens. L'entreprise privée n'était chargée que du financement des infrastructures et de la gestion des abonnements et devait céder à titre gratuit l'ensemble des ouvrages construits et exploités pendant la durée du contrat.

Les relations entre les communes et les opérateurs privés n'ont pas toujours été celles d'un long fleuve tranquille. Les progrès technologiques et scientifiques de la fin du XIXe siècle permettent de fabriquer des canalisations plus robustes et de produire une eau de meilleure qualité. Les villes souhaitent alors généraliser l'accès à l'eau potable à l'ensemble de leur population, mais les concessionnaires refusent de baisser leur rémunération. Entre 1875 et 1928, le Conseil d'État a statué sur plus de 78 litiges opposant les entreprises privées de l'eau aux communes délégataires[5]. Le Conseil d'État donne ainsi raison aux opérateurs privés : l'extension du réseau et les investissements dans les usines de traitement ne font pas partie des contrats initiaux et doivent donc être pris en charge par les municipalités. Les contrats de concessions deviennent de fait des contrats d'affermage, dans lesquels les réseaux sont publics, et la gestion du service est privée. Ce mode de gestion déléguée s'impose alors comme le modèle français du service public de l'eau et de l'assainissement.

Ce rôle de gestionnaire de la partie commerciale du service, adopté volontiers par les entreprises privées auprès des municipalités, est un facteur clé de l'expansion de la gestion déléguée en France[6]. En effet, les deux acteurs sont légitimés dans leurs rôles respectifs : l'entreprise privée gère la partie commerciale et technique, quand l'autorité publique planifie les investissements et l'exploitation des réseaux. En quelque sorte, l'entreprise ne fait que louer le réseau d'eau pour une durée déterminée, qui lui est concédée par l'autorité publique, pour distribuer l'eau. La collectivité locale est donc propriétaire du réseau et responsable de la régulation du service, ce qui lui donne le droit de choisir son mode d'organisation, d'imposer des adaptations techniques et de modifier unilatéralement un contrat en cours[7].

Le mouvement de décentralisation, dès la loi du 22 mars 1890, consacre durablement les communes dans leur rôle d'autorité organisatrice de la distribution d'eau[8]. Celles-ci se regroupent sous forme de syndicats dédiés à la distribution d'eau pour assurer cette fonction. La taille des communes françaises, et même des communes regroupées en syndicat des eaux, est relativement modeste, il y a encore aujourd'hui en France plus de dix mille services d'eau. Il y en avait même quatorze mille en 2010 ! C'est sans commune mesure avec les soixante-trois « zones optimales » de gestion de l'eau en Italie, ou les dix-huit services d'eau anglais. Le nombre de communes et leur petite taille ont favorisé le développement des entreprises privées de l'eau.

À l'inverse d'autres pays européens, les communes françaises n'avaient pas les moyens de prendre des initiatives économiques. La petite taille des services de l'eau en France fait que les autorités locales n'ont souvent ni le savoir-faire, ni la taille nécessaire pour pouvoir faire des investissements sur leur réseau[9]. Plus récemment, la taille limitée des communes françaises et leur manque de capacité ont pu renforcer la position des entreprises privées. Par exemple, les exigences accrues en matière de qualité de l'eau et de dépollution, comme celles qui suivent la loi du 3 janvier 1992 sur l'eau, se sont traduites par un recours accru au secteur privé. Utiliser la gestion déléguée est en effet confortable pour les municipalités puisque le risque d'exploitation du service est alors supporté par l'entreprise privée.

De leur côté, les opérateurs privés ont développé des compétences sur différents services qui leur ont permis d'améliorer leur efficience en matière de gestion des réseaux d'eau. Afin de rentabiliser les infrastructures construites, les compagnies privées ont démarché les communes aux alentours de leurs premières concessions. Celles-ci avaient d'ailleurs tout intérêt à déléguer la gestion de leurs services publics pour bénéficier à leur tour des infrastructures d'ensemble construites par les entreprises. La Compagnie générale des eaux a ainsi profité de ses positions à Paris et à Lyon pour se développer dans leurs banlieues respectives.

Après la Seconde Guerre mondiale, plusieurs évolutions réglementaires ont expliqué le développement du secteur privé pour gérer les services publics de l'eau et de l'assainissement en France. Dès la fin des années 1960, le service public de l'eau est reconnu comme un service public industriel et commercial, ce qui implique que toutes les villes de plus de 3000 habitants doivent reporter les recettes et les coûts du service dans un compte annexe de la municipalité. La nature industrielle et commerciale du service impose que les recettes proviennent uniquement des factures des utilisateurs et couvrent les coûts du service[10]. Cette règle est renforcée par la loi de décentralisation de 1982 qui interdit aux communes de financer leurs services publics industriels et commerciaux via l'impôt[11]. Ces évolutions ont favorisé le recours à des opérateurs privés qui ont développé un savoir-faire historique en matière de facturation et de gestion commerciale.

En plus de ces grandes évolutions réglementaires, les pouvoirs publics ont incité, par de petites dérogations, les communes à avoir recours à la gestion déléguée. Au début des années 1970, l'État avait accordé aux collectivités qui utilisaient la gestion déléguée la possibilité de récupérer immédiatement la taxe sur la valeur ajoutée payée sur leurs investissements[12]. Les collectivités ayant besoin d'étendre leur réseau, les communes touristiques ou à urbanisation rapide ont sauté sur cette opportunité et délégué la gestion de leur service à une entreprise privée. De même, l'inflation importante des années 1980 avait entraîné un contrôle des prix de l'eau. Si le contrôle était strict dans les régies, il était beaucoup plus lâche pour la gestion déléguée, où les prix étaient négociés librement lors de la signature du contrat[13]. Les collectivités ayant besoin d'investissements avaient donc systématiquement recours à des entreprises privées pour gérer leur réseau d'eau. Ces différentes dérogations expliquent les nombreux passages en délégation dans les années 1980.

Le manque de transparence et de concurrence sur le marché de l'eau

Dans les années 1990, la gestion de l'eau par les entreprises privées a été très contestée, en raison de la pratique dite des « droits d'entrée ». Cette pratique permettait aux collectivités de vendre littéralement la délégation du service public de l'eau à l'entreprise la plus offrante et, à l'inverse, à une entreprise d'acheter le droit d'exploiter le service de l'eau[14]. Pour l'entreprise et la collectivité, la pratique était gagnant-gagnant. Le droit d'entrée payé par l'entreprise permettait à sa collectivité de diminuer sa dette ou d'investir dans d'autres projets. De son côté, l'entreprise privée remboursait le droit d'entrée payé à la collectivité par des augmentations successives du tarif de l'eau tout au long du contrat… supportées donc par les usagers.

Cette pratique, interdite depuis 1995, a entraîné de nombreux abus. À Grenoble, la cession du marché de l'eau en 1989 à des entreprises en échange de droits d'entrée avait entraîné une augmentation de 63 % du prix de l'eau entre 1990 et 1995[15]. À Saint-Étienne, une entreprise avait payé 60 millions d'euros de droits d'entrée à la municipalité qui l'avait autorisée à répercuter sur le prix de l'eau son droit d'entrée[16]. L'utilisation des droits d'entrée soutenait la corruption et le clientélisme à tous les niveaux : les entreprises privées pouvaient cibler les collectivités endettées pour leur proposer un marché, les collectivités pouvaient utiliser l'argent du droit d'entrée dans leur budget général pour financer une association, etc. Les affaires de corruption et les multiples scandales qui ont fait suite à cette pratique ont terni la réputation des entreprises de l'eau.

Une autre pratique, qui a fait couler beaucoup moins d'encre mais qui a pu empêcher toute forme de concurrence, est celle de la création de filiales communes. Dans de nombreuses métropoles, les grandes entreprises de l'eau avaient créé des filiales communes pour répondre aux appels d'offres et ainsi ne pas se faire concurrence. À Lille, Marseille, Nancy, Saint-Étienne et Versailles, les services d'eau étaient exploités par des filiales détenues à parts égales par Suez et Veolia. Dans ces villes, l'Autorité de la concurrence avait constaté, dans une décision de 2002[17], que Suez et Veolia ne répondaient pas aux appels d'offres pouvant concurrencer leurs filiales, créant ainsi un « abus de position dominante collective ». Il a fallu attendre 2010 pour que les filiales soient décroisées, chaque entreprise revendant à l'autre des parts de sa filiale[18]. Cette situation révèle le manque de concurrence qui a pu exister sur le marché français.

Des règles ont été mises en place pour encadrer la pratique de la gestion déléguée. La loi dite « Sapin » de 1993 définit un cadre législatif national régissant la procédure d'appel d'offres. Elle oblige une procédure de publicité et de mise en concurrence préalable à la signature des contrats. Elle institue aussi le principe *intuitu personae* selon lequel la collectivité établit une liste de critères pour sélectionner l'entreprise considérée comme le meilleur partenaire. À la suite de la transposition de trois directives européennes sur l'attribution des contrats en 2016, la sélection de l'entreprise privée doit se faire au regard de l'« avantage économique global de l'offre » sur la base de « critères objectifs » garantissant une « concurrence effective ». La qualité de service et le développement durable deviennent ainsi des critères potentiels.

De nouvelles réglementations ont été instaurées en matière de gestion du contrat dans les années 1990. Depuis la loi « Barnier » de 1995, les maires doivent produire publiquement un rapport sur le prix et la qualité des services pour rendre compte aux usagers de la performance de leur service d'eau. La loi stimule aussi la concurrence en limitant la durée des contrats à vingt ans, avec remise en concurrence obligatoire d'ici à 2015. La législation a donc évolué pour stimuler la concurrence et la transparence sur le marché de l'eau[19].

Malgré ces évolutions réglementaires, les différents scandales des années 1990 et 2000 ont érodé la confiance dans le modèle de délégation de service public. Dès le début des années 2000, plusieurs associations et mouvements politiques appellent les municipalités à reprendre en main la gestion de l'eau. Du fait du nombre de communes et de la présence historique d'entreprises privées, la France a été ces vingt dernières années le laboratoire de la « remunicipalisation » des services d'eau potable[20].

Le mouvement de remunicipalisation en France

Depuis 2010, on observe en France un mouvement dit de « remunicipalisation » ou de passage en régie des services d'eau potable. Alors que les années 1980 et 1990 étaient marquées par un nombre important de passage en délégation, les années 2010 ont connu le phénomène inverse. De nombreuses villes comme Bordeaux, Lyon, Nice, Paris et Rennes sont passées en régie. D'autres comme Toulouse et Marseille ont étudié l'option de la régie mais n'ont pas été au bout du processus. La possibilité de pouvoir passer de la gestion déléguée à la régie, et vice versa, est essentielle car elle permet d'instaurer de la concurrence, au moins de façon implicite. Lorsqu'une municipalité étudie un potentiel passage en régie, elle envoie un signal fort à l'entreprise qui gère le service et elle acquiert des compétences en matière de gestion de l'eau. Un tel engouement pour la gestion de l'eau potable ne peut qu'apporter des bénéfices pour améliorer la gouvernance de ce service public.

Avec mes collègues, nous avons tenté d'identifier les facteurs permettant de comprendre pourquoi certaines villes remunicipalisaient ou, à l'inverse, passaient d'une régie à une gestion déléguée. En utilisant des bases de données regroupant des milliers de municipalités en France sur plusieurs années, nous trouvons que la variable déterminante du changement de gestion de l'eau est l'écart entre le prix actuel de l'eau et le prix que le service devrait avoir[21]. Nos méthodes statistiques nous permettent, en utilisant des dizaines de variables sur les caractéristiques des services, de calculer de combien devrait être le prix de l'eau dans une ville donnée. Plus le prix actuel est élevé par rapport au prix que le service devrait avoir, plus grande est la probabilité qu'une municipalité change de mode de gestion, dans un sens ou dans l'autre. Ce qui explique le changement de mode de gestion est donc généralement un manque de performance.

La vague de remunicipalisation n'est pas anodine. En perdant durablement les marchés de plusieurs métropoles françaises, les entreprises de l'eau ont perdu des parts de marché importantes. Mais la remunicipalisation n'est pas avantageuse pour toutes les villes. On l'a dit plus haut, les communes françaises sont petites en taille, n'ont pas les compétences techniques pour gérer un service comme l'eau ou l'assainissement, et ne peuvent pas forcément supporter les coûts de transition qui accompagnent les changements de mode de gestion. Les remunicipalisations se caractérisent en effet par des coûts de transition importants car il faut racheter certains actifs de l'entreprise privée et transférer le personnel dans la régie. La communauté urbaine de Marseille Provence Métropole qui avait étudié le passage en régie pour son service d'eau en 2011 avait estimé à l'époque les coûts de transition à plus de 150 millions d'euros[22]. Il faut aussi noter que les remunicipalisations ne se traduisent pas forcément pas des baisses de prix ou des améliorations de la performance[23].

La remunicipalisation peut tout simplement témoigner d'une volonté du politique de reprendre la main sur le service public de l'eau. C'était le cas à Grenoble, à la suite des affaires de corruption des années 1990. C'était également le cas à Paris, où le passage en régie réalisé en 2010 était une promesse de campagne de Bertrand Delanoë lors de l'élection de 2001, pour se démarquer des anciens maires de droite et renforcer la gestion publique des services publics. À Lyon, qui est passée en régie début 2023, l'objectif était de renforcer la démocratie de l'eau, en associant les usagers dans le conseil d'administration de la régie, et d'évoluer ensuite vers de nouveaux modes de tarification sociale. Il est extrêmement important que les élus portent un certain nombre d'innovations politiques et sociales, et s'intéressent d'une manière générale à l'eau potable. Mais bon nombre d'innovations, qu'elles soient démocratiques ou sociales, peuvent être très bien portées au sein de contrats avec des entreprises privées. Le Syndicat de l'eau du Dunkerquois a par exemple mis en place une tarification sociale et environnementale de l'eau dans le cadre d'un contrat de délégation avec Suez. Le mode de gestion ne change pas le fait que la collectivité locale soit *in fine* l'autorité organisatrice et responsable du service.

Il faut voir de façon positive le mouvement de remunicipalisation. Beaucoup d'élus avaient un déficit de connaissance technique des services d'eau qui a pu leur être défavorable dans la négociation et la surveillance des contrats avec des compagnies privées. La vague de remunicipalisation observée dans les grandes villes montre un intérêt renouvelé pour les questions relatives à l'eau potable. Il n'est pas dit en revanche que les remunicipalisations entraînent systématiquement une amélioration de la performance des services d'eau potable.

La gestion de l'eau par une entreprise privée est-elle moins performante que la gestion en régie ?

La longue tradition de délégation de service public en France et le nombre important de services ont permis de réaliser de nombreuses études scientifiques comparant la gestion en régie à la gestion par une entreprise privée. Ces études contribuent à remettre en question certaines idées reçues sur la performance relative du secteur public ou des entreprises privées pour gérer les réseaux d'eau potable, aussi bien du point de vue du prix que de la qualité du service.

Quand on regarde la différence moyenne de prix de l'eau entre régies et services en gestion déléguée, on constate que les services délégués ont un prix plus cher de 20 % en moyenne[24]. En revanche, dès que l'on prend en compte les caractéristiques des services – le type de traitement chimique qui est appliqué à l'eau, l'origine de l'eau, la densité de population, le taux de fuite, etc. –, l'écart de prix devient inexistant pour les collectivités de plus de 10 000 habitants[25]. En comparant ce qui est comparable, il n'y a pas de différence de prix entre le public et le privé. Pourquoi, dans ce cas-là, les collectivités ont-elles recours aux entreprises privées ? Parce que les entreprises privées interviennent sur les services les plus difficiles à exploiter, là où les municipalités n'ont pas forcément les compétences techniques pour pouvoir gérer efficacement le service. En général, ce qui explique que le prix de l'eau dans un service délégué soit plus élevé est le fait que les entreprises soient sollicitées pour gérer des services plus complexes.

Une idée reçue est que le prix de l'eau est plus élevé en gestion déléguée qu'en régie parce que les entreprises privées font des marges pour distribuer des dividendes à leurs actionnaires, à l'inverse des régies. En réalité, les entreprises privées et les régies font toutes les deux des marges. Ces marges sont relativement faibles et sont identiques pour les deux modes de gestion, le taux de marge étant autour de 8 %[26]. On peut évidemment discuter de la manière dont les marges sont utilisées. En régie par exemple, la marge ne peut être affectée qu'à de l'investissement dans le service public de l'eau, quand les entreprises privées en disposent plus librement. Néanmoins, les écarts de prix entre les deux modes de gestion ne semblent donc pas être liés aux différences de marges.

Par ailleurs, les services en régie ont généralement une dette du service de l'eau plus élevée que les services délégués. Les informations fiables sur les dettes des services de l'eau sont difficiles à récupérer car cela nécessite d'avoir des informations du budget annexe de l'eau. Les régies étalent le remboursement de la dette sur une durée bien plus longue que les services gérés par une entreprise privée, qui l'étalent généralement sur la durée du contrat de délégation. La dette du service ne pouvant être remboursée que par les recettes du service, une dette plus élevée indique que le prix de l'eau devrait augmenter dans le futur. Dans une de mes études[27], je simule différents plans de remboursement des dettes des services d'eau pour les régies et les services délégués, et je calcule comment ces plans pourraient affecter le prix de l'eau à court terme ou à moyen terme. Les résultats montrent bien que les services en régie bénéficient de prix plus bas de façon artificielle parce qu'ils rééchelonnent le remboursement de leur dette sur une période plus longue.

Au-delà des indicateurs économiques et financiers, certaines études scientifiques s'intéressent à la qualité de l'eau dans les régies et les services délégués. Les études menées dans les années 2000 sur la qualité de l'eau, au sens de la conformité microbiologique et physicochimique, montrent que les services délégués respectent mieux les normes en termes de qualité. De même, le taux de fuite des réseaux d'eau est moins élevé dans les services délégués que dans les régies, ce qui peut témoigner d'un manque d'investissements sur les réseaux en régie[28]. Les résultats vont dans le sens d'une meilleure qualité du service en gestion déléguée.

Il n'est donc pas possible de conclure à la supériorité d'un des deux modèles de gestion. Faut-il alors réellement déprivatiser la gestion de l'eau en France ? En tout cas, pas partout. Les opérateurs privés bénéficient de capacités techniques et commerciales que les municipalités n'ont pas toujours. L'histoire du développement des réseaux d'eau et le fractionnement des municipalités françaises expliquent le recours au secteur privé pour gérer les réseaux d'eau potable. Il est important, pour faire face aux défis futurs, de mobiliser les connaissances du secteur privé et de compter sur les grandes entreprises françaises, qui sont les leaders mondiaux en matière de gestion de l'eau potable.

Au niveau mondial, 95 % de l'eau est aujourd'hui distribuée par des acteurs publics. Le modèle français est donc unique par son mélange de gestion publique et privée. Est-ce à dire que ce modèle est forcément mauvais ? C'est plutôt une bonne chose : Maurice Allais, premier Français à recevoir le prix Nobel d'économie, suggérait même qu'il fallait privatiser et nationaliser certains services dans chaque industrie afin de faciliter la comparaison de la performance relative des entreprises privées à celles des entreprises publiques[29]. La situation unique de la gestion de l'eau potable en France nous permet de comprendre que l'un des deux modes de gestion n'est pas meilleur que l'autre mais que leur comparaison et leur mise en concurrence sont nécessaires. Qu'elle soit produite et distribuée par une organisation publique ou privée, les usagers veulent simplement de l'eau de qualité et au bon prix. Comme le disait Deng Xiaoping de façon très pragmatique : « Peu importe que le chat soit noir ou blanc, du moment qu'il attrape la souris. »

Chapitre 8

Les bonnes et mauvaises expériences de privatisation du service public de l'eau au niveau mondial

« Libéraliser, stabiliser et privatiser » a été la devise des grandes institutions internationales comme la Banque mondiale et le Fonds monétaire international, des années 1980 à la fin des années 2000. On dénomme souvent cet ensemble de mesures sous le terme de « consensus de Washington ». Les deux institutions internationales ont été largement déterminantes dans la participation du secteur privé à la gestion de l'eau potable.

Ce chapitre passe en revue les expériences de « privatisation » de la gestion de l'eau réalisées hors de France. Dans les pays en développement, comme dans les pays industrialisés, plusieurs cas de gestion de l'eau par le secteur privé n'ont pas eu les résultats escomptés. Les cas emblématiques de concessions à des entreprises privées ratées en Argentine ou en Bolivie en sont de bons exemples. Au niveau mondial, le retour à une gestion par le public a concerné plusieurs villes majeures comme Atlanta, Berlin, Buenos Aires, Johannesburg ou encore Kuala Lumpur.

Il faut se méfier des arguments en faveur du privé ou du public car ils reposent souvent sur des présupposés. Par exemple, on peut adopter le prisme du « consensus de Washington » et penser que le secteur privé est naturellement plus performant que le public. D'un autre côté, on entend souvent de la part d'activistes que les marges des entreprises privées se traduisent par un prix de l'eau plus élevé en gestion déléguée qu'en régie. Le service de l'eau est par essence l'objet de nombreuses considérations idéologiques. Les forces politiques ou militantes peuvent parfois jouer sur ces préjugés car les citoyens sont plus sensibles au mode de gestion de l'eau qu'à celui des parkings municipaux par exemple.

Le chapitre présente deux modèles emblématiques de participation du secteur privé à la gestion de l'eau : le modèle français de gestion déléguée à une entreprise privée que l'on retrouve un peu partout dans le monde, et le modèle anglais de privatisation des réseaux d'eau. Le recours à des entreprises privées pour gérer l'eau potable a eu des effets mitigés sur la performance des réseaux d'eau potable, notamment dans les pays en développement. Le modèle anglais de privatisation porte de nombreux risques mais a été accompagné d'une régulation assez forte des entreprises privées. D'autres modèles qui reposent sur des formes alternatives d'entreprises privées détenues par les communes sont ensuite présentés.

Peut-on conclure sur la supériorité d'un modèle ? Pas vraiment car les situations sociales et économiques et les caractéristiques des services diffèrent grandement d'un endroit à un autre. En revanche, les expériences internationales de participation du secteur privé semblent confirmer que les opérateurs privés doivent être utilisés pour leur savoir-faire technique plus que pour les capitaux qu'ils peuvent apporter. Cela implique que les partenariats noués entre des entreprises privées et des pouvoirs publics se construisent autour d'une expertise privée et d'investissements publics.

La diffusion du modèle français de gestion déléguée dans le reste du monde

Comme évoqué dans le chapitre précédent, le modèle français repose sur la possibilité pour une collectivité locale de déléguer la gestion du service à une entreprise privée. En France, à peu près la moitié de la population est desservie en eau potable par une entreprise privée. Ce modèle de gestion des services publics de l'eau existe un peu partout dans le monde mais dans des proportions bien moindres : environ un tiers de la population est alimentée par une entreprise privée en Espagne, mais seulement 10 % en Allemagne, et moins de 20 % aux États-Unis[1].

Dans les années 1990 et 2000, les institutions financières internationales ont vu dans les concessions de service public le moyen de stimuler les investissements dans des réseaux d'eau des pays en développement. Les concessions ont été utilisées partout dans le monde, de Jakarta en Indonésie à Buenos Aires en Argentine, en passant par Kuala Lumpur en Malaisie, autant de villes qui ont ensuite remunicipalisé leur service d'eau. Les retours d'expérience sont mitigés : les tarifs ont généralement augmenté, la capacité à payer des ménages était finalement faible, et des conflits ont souvent eu lieu entre les parties prenantes[2]. Les annulations de contrats, fortement médiatisées, ont remis en cause la gestion par le privé des réseaux d'eau dans les pays en développement.

Ces annulations de contrats ne sont pas étonnantes. Pour favoriser l'entrée des opérateurs privés, les contrats de concession de la fin des années 1990 étaient souvent mal conceptualisés. Par exemple, le contrat de concession de Jakarta prévoyait que la compagnie privée soit rémunérée par la municipalité au coût de revient par mètre cube d'eau fournie. Celle-ci supportait donc en grande partie les risques financiers et a été largement endettée auprès des compagnies privées qui géraient son service d'eau. Pour limiter l'augmentation de sa dette, la ville de Jakarta a ralenti l'extension du réseau vers les quartiers les plus pauvres[3]. Un tel contrat est un exemple de ce qu'il ne faut pas faire : l'opérateur privé ne supportait pas le risque d'exploitation et était encouragé à produire plus quoi qu'il arrive ; le gouvernement local n'avait pas intérêt à ce que la population soit plus couverte. La conception du contrat est donc un déterminant important du succès de la gestion déléguée.

Outre le contenu du contrat, l'atmosphère dans laquelle le contrat est exécuté est également un élément clé. À La Paz et El Alto, la performance du service d'eau potable était plutôt bonne mais la relation entre l'opérateur privé, les usagers et les pouvoirs publics s'était dégradée au cours du contrat. À La Paz et El Alto, le mécontentement de la population est né parce que les habitants vivant en dehors de la zone desservie par la concession ont commencé à protester contre leur exclusion et à demander leur raccordement[4]. Des pressions politiques ont été mises sur le concessionnaire afin de connecter des logements qui ne tombaient pas dans la zone de desserte du contrat. De même, des décisions du régulateur bolivien de l'eau ont été reprochées à l'entreprise privée, alors qu'elles n'étaient *a priori* pas de son fait, créant un sentiment de « eux contre nous » du point de vue de la population. L'atmosphère est donc un élément essentiel dans le déroulement du contrat.

En lien avec l'atmosphère, le comportement des acteurs est aussi déterminant. En Amérique latine, les résiliations de contrats de concessions avec des entreprises privées étaient la conséquence d'un optimisme trop grand des entreprises[5]. On retrouve le phénomène qui a été décrit par Oliver Williamson : l'entreprise qui a remporté l'enchère était souvent sur-optimiste à propos des conditions financières du contrat. C'est ce qui s'est passé à Cochabamba, en Bolivie, où le contrat de concession a été attribué à la suite d'un appel d'offres duquel toutes les entreprises, sauf une, s'étaient retirées. L'entreprise avait ensuite augmenté les tarifs de façon substantielle pour couvrir les investissements requis sur le réseau, ce qui était socialement insoutenable. On retrouve également un excès d'optimisme dans les concessions du début des années 2000 en Argentine, pays d'Amérique latine ayant eu le plus de concessions à l'époque. Malgré la crise économique qui frappait le pays depuis 1998, les concessionnaires pensaient pouvoir emprunter pour investir sur les réseaux et trouver une demande solvable[6]. Les comportements des acteurs sont importants pour expliquer le bon déroulement de l'exécution du contrat car ils affectent à la fois l'atmosphère et le contenu du contrat.

De nombreux contrats de gestion déléguée se sont soldés par des performances satisfaisantes[7]. En Côte d'Ivoire, au

Sénégal, à Carthagène en Colombie ou encore à Guayaquil en Équateur, les contrats avec des opérateurs privés se sont révélés satisfaisants pour toutes les parties prenantes. Ces contrats se rapprochent du modèle français de gestion déléguée. Ils reposent sur des capitaux publics ou des bailleurs de fonds pour l'investissement, et sur une simple gestion du service par l'opérateur privé. Ce que l'on doit chercher du secteur privé n'est pas son capital, mais ses compétences.

Que nous disent les travaux scientifiques sur la performance relative du public et du privé? Des études menées en Allemagne et en Espagne montrent que la gestion déléguée à une entreprise privée se traduit par un prix plus élevé de l'eau. D'autres études, menées au Brésil, ou en Andalousie, en Espagne, ne trouvent aucune différence de prix entre la gestion publique et la gestion par une entreprise privée. Les études menées aux États-Unis sur la qualité de l'eau distribuée par les services gérés en régie et délégués à une entreprise privée amènent également à des conclusions mitigées. Certaines études montrent que la qualité de l'eau est meilleure quand le service est géré par une entreprise privée, d'autres ne voient aucune différences entre modes de gestion[8].

Un autre élément de comparaison entre les deux modes de gestion est leur capacité à promouvoir l'accès au service public, c'est-à-dire à brancher au réseau d'eau les habitations. Contrairement à une idée reçue, la gestion de l'eau par une entreprise privée ne se traduit pas forcément par un moindre accès à l'eau. Même en Amérique latine, où l'ouverture de concessions de service public aux entreprises privées a été très critiquée, les résultats en termes d'accès sont relativement positifs. En Bolivie, à La Paz et El Alto, la gestion de l'eau par le secteur privé a permis d'augmenter la couverture de la population par le service public de l'eau, et même souvent de baisser le prix de l'eau. On estime que la concession a permis d'en donner l'accès à 400 000 personnes supplémentaires, essentiellement des familles pauvres[9].

De même, en Argentine, l'arrivée contestée du secteur privé dans la gestion de l'eau dans les années 1990 a fait diminuer la mortalité infantile de 8 % en moyenne, et même de 26,5 % dans les communes les plus pauvres. Cette baisse de la mortalité infantile s'explique en grande partie par le raccordement des logements au réseau d'eau potable[10]. Dans les villes argentines de Córdoba, Santa Fe, Salta ou Corrientes, les concessions ont permis d'augmenter d'au moins 20 points de pourcentage la couverture des services d'eau potable. La concession du Grand Buenos Aires, qui compte 8 millions d'habitants, en a donné l'accès à 1,5 millions de personnes supplémentaires, essentiellement dans les quartiers pauvres[11]. Le recours à une entreprise privée pour gérer l'eau potable a donc permis d'étendre la couverture du réseau à une population plus importante.

Le choix de la gestion déléguée ou en régie pose donc des questions fondamentales. Il n'est pas vraiment possible de conclure à la supériorité d'un des deux modes de gestion. En revanche, il est nécessaire que les autorités locales maîtrisent la question de l'eau, pour négocier au mieux avec les entreprises privées, et pouvoir bénéficier de leurs solutions techniques. La réalité du terrain montre en effet que les entreprises privées ont un savoir-faire que les municipalités ou que certaines régies n'ont pas. Notons que la gestion déléguée n'entraîne pas une privatisation du réseau, qui reste un patrimoine public. L'autre modèle de participation du secteur privé consiste à privatiser toutes les infrastructures d'eau et d'assainissement.

Le modèle anglais de privatisation des infrastructures

Au Royaume-Uni, la privatisation des réseaux d'eau a été actée à la fin des années 1980 sous l'ère Thatcher. Les idées de Margaret Thatcher reposaient sur l'idéologie libérale des années 1970 et 1980, développée notamment par l'École de Chicago, et son chef de file, le prix Nobel d'économie Milton Friedman. Les théories pro-marché de Friedman, qui a été conseiller informel du président Ronald Reagan aux États-Unis, ont eu une influence mondiale importante. Les conclusions de Friedman et de ses collègues de l'École de Chicago sont simples : dès qu'il est possible de privatiser, il faut le faire, y compris dans les services publics[12] !

Pour Friedman, la privatisation permet d'améliorer la qualité du service public car des citoyens-actionnaires mettront l'entreprise sous pression pour obtenir des résultats. À l'inverse, en cas de propriété publique, aucun citoyen n'a réellement le moyen de mettre sous pression l'exploitant du service public qui devient donc inefficient. La pensée de Friedman est plus complexe qu'on ne le croit. Il estime en effet que la liberté économique et le libre marché sont des conditions nécessaires à la liberté politique. En privatisant des entreprises et des services publics, on rend les citoyens plus indépendants du gouvernement, et on leur redistribue du pouvoir. Les citoyens-actionnaires ont alors plus de pouvoir que des électeurs lambda car ils peuvent exprimer leurs préférences au quotidien, par leur choix de consommation.

La rhétorique de la Dame de fer pour présenter son projet de privatisation des réseaux d'eau a été largement appuyée sur cette notion de citoyens-actionnaires. Son argumentation suivait d'ailleurs une logique imparable : la France socialiste de François Mitterrand a largement recours aux concessions avec des entreprises privées pour gérer le service public de l'eau, le Royaume-Uni libéral doit donc aller plus loin et privatiser les infrastructures[13].

Alors que la population y était majoritairement opposée, la campagne de privatisation, avec son slogan loufoque « You could be an H2Owner[14] », a été lancée en 1989. Plus de 2,5 millions de personnes ont rempli le formulaire pour avoir accès à des parts des dix-huit réseaux d'eau nouvellement privatisés. La logique de marché avait bien fonctionné : dès le premier jour de la privatisation, les actionnaires encaissaient une plus-value de 40 %. Thatcher avait atteint son objectif qui consistait à créer une démocratie de l'actionnariat, dans laquelle les citoyens sont les propriétaires directs de l'ensemble du capital de l'économie.

Mais sur le long terme, le rêve thatchérien a échoué. Dans les vingt années qui ont suivi l'ouverture du capital, les compagnies anglaises privatisées avaient payé plus de 57 milliards de livres sterling de dividendes, en continuant à s'endetter massivement et en faisant payer le remboursement de la dette par les usagers des services publics de l'eau via des hausses de prix[15]. Avec de tels dividendes et plus-values, les petits actionnaires capitalistes amateurs des classes moyenne et supérieure anglaises avaient vite revendu leurs parts. Les propriétaires des infrastructures anglaises n'étaient plus que des fonds d'investissement spécialisés dans l'ingénierie financière.

Sur le plan purement financier, la privatisation des infrastructures de l'eau était une aubaine pour les fonds de *private equity*, dont le métier repose sur la prise de participations dans le capital de sociétés non cotées en Bourse.

En effet, les besoins d'investissements sur les infrastructures étaient massifs et le retour sur investissement était garanti. Dans le service public de l'eau, les investissements sur le réseau sont remboursés par l'usager lorsqu'il paie sa facture d'eau. La situation de monopole des réseaux d'eau fait qu'il est simple d'augmenter de quelques centimes le prix au mètre cube de l'eau pour rembourser ces investissements.

Comme il s'agit d'un service public essentiel, qui plus est en monopole, le risque sur ces investissements de réseau était évalué par les analystes financiers comme étant quasiment nul. En effet, on imagine mal un gouvernement ne pas aider une entreprise de l'eau qui ferait faillite… Si Thames Water, l'exploitant du service public d'eau et d'assainissement de Londres, fait faillite, pensez-vous que le gouvernement du Royaume-Uni laissera sa capitale sans eau potable pendant des jours ?

On retrouve ici la notion d'aléa moral, selon laquelle une organisation ou un individu a tendance à prendre plus de risques parce qu'il se sait protégé. Les compagnies anglaises de l'eau sont comme les banques commerciales : elles ne peuvent pas vraiment faire faillite, et elles le savent. En cas de faillite, elles seraient dans le pire des cas nationalisées, au mieux le gouvernement les renflouerait avec de l'argent public. Les analystes financiers, conscients de ces éléments, ont donc jugé que l'investissement dans les entreprises privées de l'eau britanniques était aussi sécurisé que de détenir des obligations d'État. Pour les actionnaires des entreprises privées de l'eau britanniques, c'est une situation extrêmement bénéfique : les rendements financiers sont équivalents à ceux du secteur privé mais le risque est équivalent à celui du secteur public. Comme l'indique

Jonathan Portes, professeur d'économie au King's College London, la privatisation des infrastructures de l'eau était un « casse organisé »[16].

Même l'actuel ministre britannique de l'Environnement, le très libéral Michael Gove, le dit : les compagnies privées de l'eau anglaises ont été « plus intéressées par l'ingénierie financière que par l'ingénierie réelle[17]. » Les chiffres parlent d'eux-mêmes : South East Water – une des entreprises privées de l'eau en Angleterre – a plus dépensé en dividendes et en intérêts de remboursement de sa dette qu'en investissements dans les infrastructures. Mais la colère du ministre britannique de l'Environnement vient avant tout du fait que les sociétés privées ont effectué 375 000 rejets d'eaux sales dans les rivières anglaises, dégradant les rivières et rivages du territoire anglais. Thames Water, qui frise la nationalisation car elle est aujourd'hui endettée de 18 milliards de dollars, a été condamnée pour avoir déversé des millions de litres d'eau sale dans la nature, sans aucune raison technique valable. Le rêve de Thatcher est devenu le cauchemar de millions de riverains.

Si la privatisation des infrastructures de l'eau au Royaume-Uni a été largement chaotique, elle a été accompagnée d'un régulateur national indépendant de l'eau, à l'époque unique dans son genre, qui a pour mission d'encadrer les prix mis en place par les nouvelles entreprises privées de l'eau. Le gouvernement britannique de Thatcher avait bien en tête qu'il fallait limiter les marges de manœuvre des nouveaux monopoles locaux privés créés par la privatisation des réseaux d'eau.

En Angleterre et au pays de Galles, le régulateur des entreprises de l'eau, appelé « Water Services Regulation Authority » (Ofwat), révise tous les cinq ans l'évolution maximale des tarifs de l'eau, en prenant en compte l'amélioration de l'efficacité pour l'ensemble de l'industrie, et pour chaque entreprise de l'eau, de manière individuelle. Dans le petit monde de la gestion de l'eau, l'Ofwat s'est forgé une belle réputation en récoltant des données détaillées sur les entreprises de l'eau et en les publiant sur son site internet[18]. L'encadrement des prix et la transparence sur la performance des entreprises de l'eau devaient permettre de mettre en lumière les bons et les mauvais élèves en matière de performance, et ainsi inciter les mauvais à devenir meilleurs.

La régulation de l'Ofwat est aujourd'hui largement critiquée. Pour les opposants à la privatisation, l'Ofwat n'a pas assez contrôlé les marges des entreprises de l'eau qui ont profité de la régulation des prix pour améliorer leurs profits en rognant sur les coûts. Récemment, des soupçons indiquent le pantouflage d'un certain nombre de cadres passant de fonctions à l'Ofwat aux entreprises privées de l'eau, sans qu'aucune statistique soit disponible sur ce phénomène[19]. Pour les pro-privatisation, l'Ofwat a tenu des cibles de prix trop basses pour limiter les marges des entreprises de l'eau, négligeant les besoins d'investissements nécessaires sur les réseaux. Dans les deux cas, l'Ofwat aurait été incapable de se saisir de son rôle de régulateur, et de promouvoir la performance des réseaux d'eau.

La crise actuelle des entreprises privées de l'eau en Angleterre montre à quel point le régulateur doit être puissant en cas de privatisation. Le contrôle du régulateur sur les opérateurs privés ne doit pas seulement consister à fixer des cibles d'évolution des prix. Le régulateur doit plutôt déterminer des règles d'évolution des prix selon les investissements effectués sur le réseau. De même, il ne s'agit pas uniquement de s'assurer du niveau des prix ou des investissements mais aussi de l'organisation plus générale du marché. En somme, il faudrait donc que le régulateur puisse planifier les investissements à mettre en place et légalement retirer le monopole aux entreprises qui n'ont pas atteint leurs objectifs économiques et environnementaux.

La privatisation totale des réseaux d'eau à l'anglaise demeure aujourd'hui encore une exception. Une exception qui a néanmoins beaucoup fait parler d'elle. Plusieurs gouvernements se sont demandé si le Royaume-Uni – berceau du « capitalisme social » ayant permis le développement des réseaux d'eau rapidement au début du XXe siècle – n'avait pas trouvé la bonne solution pour répondre aux enjeux du secteur de l'eau pour le XXIe siècle. Seul le Chili a embrassé une participation totale du secteur privé à la gestion de l'eau en mettant en place la privatisation d'une majorité de ses réseaux d'eau entre 1998 et 2001, sans aller néanmoins aussi loin que le Royaume-Uni, une partie des services d'eau restant en concession[20]. Il ne serait pas étonnant néanmoins que le Royaume-Uni aille vers une solution plus proche de celle qui est adoptée par le Chili ou qu'il renationalise certaines compagnies d'eau… En matière de gestion de l'eau, la vision politique de la Dame de fer est désormais bien rouillée.

Les modèles alternatifs d'entreprises privées détenues par les acteurs publics

Plusieurs pays ont adopté un modèle alternatif qui consiste à créer des entreprises locales de l'eau dont les capitaux sont détenus entièrement ou en partie par des collectivités locales. Parmi ces exemples, on peut citer, en miroir respectif de la France et de l'Angleterre, l'Allemagne et les Pays-Bas.

L'Allemagne a comme la France une vision très localisée de la gestion de l'eau. À l'inverse de la France, des moyens ont été donnés aux communes pour qu'elles puissent investir dans leurs services d'eau. Des établissements publics transversaux (les *Stadtwerke*) qui gèrent l'électricité, le gaz et l'eau, sous le contrôle des communes, ont été créés[21]. Les *Stadtwerke* ont gagné petit à petit en autonomie, devenant des entreprises municipales dont les actions sont en principe détenues en majorité par les communes locales.

Cette forme a plusieurs avantages. D'abord, l'investissement est facilité par la structure d'entreprises de droit privé qui permet de lever plus facilement des capitaux, en dehors des règles qui s'imposent aux communes. Ensuite, le fait que les *Stadtwerke* combinent plusieurs types de services permet plus de liberté que dans le système français. Par exemple, les recettes de l'électricité peuvent financer les investissements à réaliser dans l'eau. Les communes disposent d'une initiative économique et d'une capacité d'investissement importante[22].

Mais la gouvernance financière des *Stadtwerke* pose aussi de nombreux problèmes. Les comptes sont perméables et ne permettent pas la transparence financière des services publics, et la recherche de bénéfices peut se faire au détriment de la qualité du service ou de l'usager[23]. Par ailleurs, une compagnie privée peut très bien devenir l'actionnaire majoritaire d'un *Stadtwerke*[24], et se créer ainsi un monopole local sur la gestion de plusieurs activités qui sont liées, au détriment de la collectivité.

De leur côté, les Hollandais ont poursuivi un mouvement de concentration similaire à celui que l'on a pu observer en Angleterre après la Seconde Guerre mondiale. Les Pays-Bas ont regroupé leurs services d'eau jusqu'à avoir aujourd'hui dix compagnies privées chargées de la distribution de l'eau. Mais il y a une différence fondamentale avec l'Angleterre : les entreprises privées appartiennent aux collectivités locales, et à l'inverse de l'Allemagne, celles-ci ne peuvent revendre leurs parts à des entreprises privées. Comme en Angleterre, les Pays-Bas ont mis en place une concurrence par comparaison mettant en avant les services les plus performants. En revanche, cette concurrence par comparaison ne porte que sur l'efficience technique des services, pas sur leurs coûts, et n'est pas rendue publique.

L'Allemagne et les Pays-Bas ont des caractéristiques communes. Dans ces deux pays, le prix n'est pas déterminé par un régulateur national ou par un contrat, mais est fixé en fonction des coûts de l'exercice précédent. Un tel mode de fixation du tarif n'incite pas à diminuer les coûts du service[25].

Les modèles allemands et hollandais reposent donc sur l'idée que le capital des entreprises de l'eau doit être détenu par la collectivité. Des formes juridiques semblables à celles que l'on observe chez nos voisins existent en France mais elles n'ont pas été largement utilisées pour l'eau. Le retour du politique dans la gestion de l'eau avec les remunicipalisations pourrait amener à utiliser plus largement ces formes juridiques dans l'eau et l'assainissement.

Pour conclure, la participation du secteur privé doit se faire autour de la gestion du service et de son expertise technique et commerciale. On a souvent eu des attentes trop élevées à propos de ce que pouvaient faire les entreprises privées. Il ne suffit pas de changer le mode de gestion d'un service pour qu'il devienne performant du jour au lendemain. Néanmoins, on ne peut pas totalement abandonner l'idée d'avoir recours à l'expertise technique d'entreprises privées, que le service soit municipalisé ou non.

En revanche, la privatisation de l'infrastructure est une mauvaise idée. L'eau est un actif trop stratégique pour qu'une nation prenne le risque de perdre la main dessus au profit d'une entreprise ou d'une puissance étrangère. L'exemple anglais est révélateur des limites de la privatisation, alors même que le cadre institutionnel britannique est plutôt protecteur des droits de propriété et de l'équité entre individus. Mais que se passerait-il si des privatisations avaient lieu dans un autre contexte institutionnel ? Dans des pays où le pouvoir est monopolisé par une minorité influente, et où le capitalisme de camarades détruit les valeurs de méritocratie et d'équité, la privatisation des services d'eau peut entraîner une augmentation des inégalités économiques et sociales[26]. Cela ne veut évidemment pas dire que la gestion par un gouvernement est automatiquement meilleure. Pour reprendre la métaphore de Julian Le Grand, un politiste de la London School of Economics, les acteurs publics sont souvent loin d'être des « chevaliers » altruistes en qui on peut avoir toute confiance pour servir l'intérêt général[27].

Sur le long terme, nous observerons très probablement d'autres vagues de privatisation et de remunicipalisation, ou le développement de modèles hybrides mélangeant capitaux publics et privés. Ces mouvements reflètent les courants idéologiques dominants qui sont eux-mêmes en faveur de plus ou moins d'intervention de l'État. Comme le dit Albert Hirschman[28], il y a dans la vie publique des cycles de privatisation, caractérisés par une atrophie du sens public, et des périodes de retour éclatant à l'action publique. Dans les services publics, il y a des cycles similaires à ceux de la vie politique avec des périodes de privatisation puis de nationalisation ou de municipalisation des services.

Chapitre 9

L'accès à l'eau inachevé des pays en développement

Dans les pays en développement, où une grande partie de la population réside dans des zones rurales ou des bidonvilles, la question de l'accès à l'eau est complexe. Deux approches principales sont employées pour répondre à ce défi. La première, qui est évidente, consiste à raccorder les ménages aux réseaux de distribution d'eau. Cette méthode est privilégiée dans les zones urbaines plus densément peuplées, afin de bénéficier d'économies de réseau. Les infrastructures de distribution d'eau sont d'autant plus rentables qu'elles desservent un grand nombre d'usagers. La seconde approche, couramment utilisée dans les zones rurales, repose sur la désinfection de l'eau au point d'utilisation. Cela implique généralement la distribution de sachets de chlore aux individus pour qu'ils puissent les diluer dans l'eau récupérée au puits. Il faut noter que ces deux solutions sont technologiquement maîtrisées depuis des siècles, relativement peu coûteuses, et connues de toutes les parties prenantes.

Cependant, l'accès à l'eau est loin d'être généralisé. Environ la moitié de la population mexicaine et un quart de la population marocaine n'ont pas accès à un service d'eau potable « sécurisé » au sens de l'Organisation mondiale de la Santé, c'est-à-dire un service situé où ils habitent, disponible en permanence et exempt de contamination. De même, plus de 40 % de la population de la République démocratique du Congo et de Madagascar boivent de l'eau provenant de sources ou de puits non protégés, ou directement des eaux de surface comme des étangs, des canaux, des rivières ou des ruisseaux, sans aucune désinfection[1].

Pourquoi alors les deux solutions apparemment simples ne sont-elles pas plus largement utilisées dans les pays en développement ? Un certain nombre d'obstacles, aussi bien économiques que culturels, entravent la généralisation de l'accès à l'eau dans les pays en développement.

Le difficile raccordement au réseau d'eau

La première solution permettant de donner accès à l'eau est le raccordement des habitations au réseau d'eau. Lorsque l'infrastructure existe, le raccordement au réseau a un coût. Un rapport de l'Organisation mondiale de la Santé estime que le branchement d'un logement au réseau d'eau et d'assainissement coûte entre 220 et 300 dollars. Il faut ajouter à ce coût initial des coûts d'entretien annuels du réseau qui représentent pour chaque logement environ 30 % du coût de raccordement[2]. On a souvent mis en relation ce coût au salaire des habitants des pays en développement pour expliquer le manque d'accès à l'eau. Un Tunisien ou un Vietnamien devraient quasiment sacrifier un mois de salaire pour se connecter au réseau ; un Soudanais y consacrerait quatre mois de salaire. Par ailleurs, les réflexions des ménages des pays en développement ne sont pas sans rappeler celles des habitants du Paris du XIXe siècle. Les habitants des pays en développement ne comprennent pas forcément l'intérêt de payer pour le raccordement alors qu'ils peuvent avoir accès à une fontaine d'eau quasiment gratuitement au sein même de leur immeuble ou à quelques mètres de leur logement.

Afin de stimuler le raccordement des logements individuels au réseau d'eau, plusieurs solutions ont été expérimentées pour permettre aux ménages de couvrir la partie financière du raccordement. Une solution est de subventionner le coût du raccordement. À Tanger, au Maroc, le préfet avait subventionné le branchement au réseau d'eau par des taxes sur les nouveaux projets immobiliers. La critique que l'on fait souvent aux subventions est qu'elles reposent sur des impôts souvent payés par ceux qui ne profiteront pas du service de l'eau. Cette question n'est pas anodine du point de vue de la philosophie économique de la conception de l'outil. Le bénéficiaire de l'eau étant l'usager, n'est-il pas plus juste qu'il en assure directement le financement ?

Les économistes considèrent qu'il faut distinguer le rendement privé d'une activité de son rendement social. Le rendement, s'il est privé, fait référence aux gains nets de l'activité pour l'individu. Le rendement social renvoie aux gains d'une activité pour la société. Dans le secteur de l'eau, le rendement privé est le bénéfice personnel qu'un usager peut tirer de l'accès à l'eau, par exemple gagner du temps ou améliorer son confort. Le rendement social de l'accès à l'eau est son impact pour la société dans son ensemble, par exemple diminuer les épidémies transmises par l'eau non potable ou améliorer le bien-être de la société. Lorsque l'on équipe une ville ou des immeubles avec des fontaines d'eau potable, c'est le rendement social qui l'emporte. C'est pour améliorer la santé publique que les fontaines publiques ont été développées, ainsi que le réseau d'eau pour les alimenter. Leur financement doit donc être assuré par le public, pas par les particuliers.

En revanche, la situation est différente pour un ménage qui bénéficie déjà d'un point d'eau potable dans son immeuble et qui souhaite avoir un raccordement privatif de son logement. Dans cette configuration, les rendements privés sont supérieurs aux rendements sociaux car avoir l'eau courante dans son logement est essentiellement un confort. Par exemple, avoir accès à l'eau dans son logement permet d'éviter d'entrer en conflit avec son voisin qui passerait trop de temps à la fontaine, ou avec son enfant qui n'aurait pas pris le temps d'aller remplir les bassines d'eau en rentrant de l'école. C'est donc l'usager individuel qui en bénéficie, plus que la société dans son ensemble. Le financement du raccordement privatif au réseau d'eau doit donc être pris en charge par le particulier.

Fondée sur ce raisonnement, l'autre solution est d'accorder des prêts aux ménages souhaitant se raccorder au réseau public d'eau. C'est donc le ménage qui autofinance sa connexion au réseau. Ces prêts peuvent par exemple être repayés tous les mois dans la facture d'eau. De tels prêts ont été mis en place au Maroc et ont entraîné une hausse de 70 % de la demande de connexion au réseau[3]. Les raisons invoquées par les foyers ayant souhaité se raccorder sont essentiellement privées : gain de temps, confort, et diminution des conflits.

Mais il n'est pas évident de distinguer rendements privé et social. L'accès à l'eau entraîne toujours des gains pour l'individu et pour la société dans son ensemble, de façon conjointe. C'est pour cette raison que certains services offrent avec un succès notable un mélange de subventions publiques et de prêts pour financer la connexion au réseau. C'est ce qu'a fait le service d'eau de la ville de Nairobi en 2014. Quatre ans après, 137 000 personnes supplémentaires étaient connectées au réseau[4]. Une solution alliant subventions et prêts semble logique compte tenu des objectifs des services d'accès à l'eau et de leur besoin de financement.

Un système détaillé d'échelonnement du paiement et de subventions a été instauré par la régie des eaux publiques de Phnom Penh, au Cambodge. L'échelonnement permet aux ménages de rembourser sur plusieurs mois le coût du branchement au réseau. Pour les plus pauvres, des subventions de 30 à 100 % du prix du branchement sont allouées selon la pauvreté du ménage, qui est évaluée directement par la régie sur la base d'un questionnaire. Faire varier le niveau de subventions selon les conditions financières du ménage permet donc de renforcer l'accès au réseau des personnes.

Les études sur le branchement au réseau d'eau montrent aussi des barrières informationnelles et administratives[5]. Les barrières informationnelles peuvent venir du fait que les ménages ont du mal à mesurer le confort supplémentaire de l'eau courante dans leur logement, à calculer le temps qu'ils gagneraient, et le bonheur qu'ils auraient à ne plus avoir de conflits intra ou interfamiliaux. Certains ménages ne savent même pas qu'ils sont éligibles à un branchement au réseau. La simple publicité des bienfaits de la connexion au réseau permettrait d'augmenter le nombre de demandes de connexion. De plus, les barrières administratives de la demande de branchement et de subventions dissuadent souvent les ménages de se lancer dans la démarche. La facilitation des démarches administratives permet mécaniquement d'augmenter la demande de branchement au réseau d'eau. Faciliter et inciter sont les maîtres mots car les personnes des pays en développement ont déjà trop de choses auxquelles elles doivent penser.

Malgré ces avancées, l'accès à l'eau reste une question épineuse dans les pays en développement en raison de l'incapacité de certaines populations à payer les coûts associés. Une fois raccordés, les particuliers doivent payer leurs factures, mais n'en ont pas forcément les moyens. Au niveau global, on estime que les services d'eau perdent 39 milliards de dollars chaque année à cause de factures non payées[6]. Quand le service d'eau réalise des pertes, il cesse de fonctionner de manière satisfaisante, ce qui se traduit par du rationnement, avec des pannes de service, ayant des conséquences économiques, sociales et sanitaires importantes[7]. Le serpent se mord la queue : une faible qualité de service fait que les ménages ne veulent plus payer, le service d'eau fait alors des pertes et ne réalise pas les améliorations de qualité attendues.

Les experts et les opérateurs de l'eau ont aussi certainement voulu transposer trop brutalement les principes de tarification des pays industrialisés dans les pays en développement. Par exemple, le principe de recouvrement des coûts complets du service par l'usager (« l'eau paie l'eau ») se pose différemment dans des pays où l'infrastructure n'est pas complètement construite. Dans les pays industrialisés, l'extension des réseaux dans les grandes villes a été largement financée par des investissements publics. Les factures d'eau des usagers paient le renouvellement du réseau et la consommation d'eau potable mais ne peuvent pas financer l'intégralité de l'investissement sur l'infrastructure. Le principe selon lequel l'eau doit payer l'eau ne peut donc pas être transposé dans les pays en développement sans un minimum d'adaptation et sans prendre en compte la capacité à payer des usagers.

Pour faciliter le paiement des factures d'eau, de nombreux services publics de l'eau des pays en développement ont mis en place une tarification progressive. Cette approche consiste à appliquer un tarif bas, voire nul, sur les premiers mètres cubes d'eau, destinés à couvrir les besoins essentiels. Les volumes d'eau utilisés pour les besoins de confort sont ensuite facturés à un prix plus élevé. L'idée sous-jacente de tarification progressive est que les personnes les plus défavorisées consomment moins d'eau en raison de contraintes financières. Cependant, il convient de noter que ce système présente des limites, car il profite aussi bien aux plus riches qu'aux plus pauvres. Par exemple, la ville de Durban, en Afrique du Sud, a instauré un volume de six mètres cubes d'eau gratuits par mois et par foyer. En fin de compte, la tarification progressive, même si elle est largement utilisée dans les pays en développement, ne remplit pas pleinement ses objectifs sociaux.

Pour faire face à ces limites, certains services ont mis en place des tarifications sociales, qu'il ne faut pas confondre avec la tarification progressive, conçues pour faire supporter un prix plus élevé aux ménages aisés par rapport aux plus démunis. Ces systèmes de tarification partent d'une intention louable mais présentent souvent des limites importantes. Par exemple, à Bogota, la tarification varie en fonction des zones de résidence, en prenant en compte le revenu moyen de chaque zone. Cela signifie que de nombreux foyers bénéficient de tarifs préférentiels alors qu'ils sont aisés, tandis que d'autres paient plus cher alors qu'ils ont de petits moyens. De plus, dans de nombreux pays en développement, la tarification sociale peut amener à un déficit financier du service d'eau car la majorité de la population serait éligible au tarif social. Un système de tarification sociale, pour qu'il serve réellement son objectif de redistribution, doit donc être conceptualisé avec minutie, et nécessite d'avoir des données précises sur les conditions économiques et sociales des ménages[8].

La désinfection au point d'usage par les individus : une solution miracle low-cost

Dans les zones rurales des pays en développement, le raccordement individuel au réseau d'eau est plus difficile, parce que le réseau y est épars, et parce que la population est plus pauvre qu'en ville, donc souvent incapable de payer ou d'avancer les coûts du raccordement. La solution permettant d'accéder à l'eau potable consiste donc à effectuer la désinfection au point d'usage. Celle-ci est directement réalisée par le consommateur, par exemple en mettant du chlore, un désinfectant permettant de tuer les principaux pathogènes, dans l'eau, ou en utilisant des filtres qui vont les retenir.

Par exemple, Evidence Action, une organisation non gouvernementale, a mis en place des distributeurs de chlore avec doseur, permettant de traiter l'eau pompée à la source. Grâce à ces doseurs, l'organisation fournit de l'eau traitée à plus de 10 millions de personnes qui ne sont pas connectées à un réseau d'eau en Afrique de l'Est, pour moins de 1,5 dollar par personne et par an. Le temps de rentrer à la maison, l'eau est désinfectée.

De même, en Guinée, la distribution de filtres à eau a permis d'éradiquer la diffusion des vers absorbés avec l'eau[9]. De nombreuses études épidémiologiques et économiques montrent que les interventions au point d'usage sont efficaces[10]. Du point de vue épidémiologique, elles permettent de limiter les infections, et ont des effets durables à long terme si les bonnes pratiques sont bien intégrées par la population[11]. Du point de vue économique, elles sont efficaces au regard de leur coût : le prix Nobel d'économie Michael Kremer estime que l'on peut sauver la vie d'un enfant pour seulement 3 000 dollars[12]. Les interventions au point d'usage ne coûtent pas cher, créent des externalités positives pour l'ensemble de la population, et doivent donc être distribuées en masse.

Comme pour le raccordement, la diffusion massive de l'accès à l'eau dans les zones rurales se heurte néanmoins à la question de la gratuité. Cela a été un débat traditionnel des économistes du développement pendant les années 2000. Au regard du faible coût des interventions, certains spécialistes défendaient la gratuité totale de l'accès au bien. D'autres estimaient que payer un prix, même faible, permettrait de stimuler l'usage.

Le fait que le paiement entraîne une augmentation de l'usage peut être expliqué par deux facteurs. Le premier facteur est psychologique : le fait de payer peut rendre les usagers plus responsables et donc plus enclins à « bien » utiliser le service. Ce constat renvoie à la théorie des perspectives, initiée par Daniel Kahneman, un psychologue ayant eu le prix Nobel d'économie, et Amos Tversky. Kahneman et Tversky constatent, à partir d'expériences en laboratoire, que les individus sont plus sensibles aux pertes qu'ils réalisent qu'aux gains qu'ils font. Autrement dit, un individu sera plus mécontent de perdre 1 000 euros qu'il ne sera heureux d'en gagner 2 000. Appliquée à la consommation, la théorie des perspectives stipule qu'un acheteur cherche à éviter le regret de dépenser de l'argent sans bénéficier des bienfaits de son achat. Autrement dit, un pauvre qui paie son filtre à eau l'emploiera correctement pour rentabiliser son achat, alors qu'il ne l'utilisera pas ou mal s'il lui est donné gratuitement.

Le deuxième facteur est économique. Le paiement n'est pas une barrière à l'usage si les individus qui en ont le plus besoin sont prêts à le payer. Si une famille a un enfant qui a la diarrhée chaque fois qu'il boit de l'eau non filtrée, elle sera disposée à payer pour acheter un filtre à eau. Si, en revanche, la famille ne voit aucun intérêt à disposer d'un filtre à eau, elle ne l'utilisera pas, même s'il est gratuit. Dans ce cas, que l'on fasse payer ou non le consommateur, le niveau d'utilisation sera le même.

Des travaux d'économie comportementale, un pan de l'économie mélangeant économie et psychologie, ont tenté de tester si, dans la vraie vie des pays en développement, les effets psychologiques et économiques avaient un effet sur la consommation. Effectués dans différents secteurs, les travaux montrent que le simple paiement des frais d'usage, si petits soient-ils, sans même faire payer l'infrastructure, coupe l'accès à toute une frange de la population[13]. Le paiement ne se traduit pas par un usage plus intense[14] et la population qui achète le produit lorsqu'il est payant n'est pas forcément celle qui en a le plus besoin.

Dans le secteur de l'eau, une petite augmentation du prix peut entraîner une forte diminution de la participation des plus démunis au marché. Une expérimentation menée par Nava Ashraf, économiste à la London School of Economics, et ses coauteurs en Zambie[15] montre que la vente de produits désinfectant l'eau diminue de 30 % quand le prix de la dose augmente de 9 à 25 centimes de dollars. Au Kenya, une expérimentation menée par le prix Nobel d'économie Michael Kremer et son équipe montre que le fait de faire payer un désinfectant plutôt que de l'offrir gratuitement divise par six la proportion de ménages qui désinfectent l'eau, qui passe drastiquement de 60 % à 10 %[16]. Rendre gratuit un produit payant n'entraîne pas non plus une diminution de l'usage. Ashraf et ses collègues ont distribué gratuitement le chlore aux ménages qui étaient habitués à l'acheter, afin de vérifier si son utilisation diminuerait. Les ménages qui ont été choisis aléatoirement pour recevoir le chlore gratuitement ont continué à l'utiliser autant que s'ils l'avaient payé. L'argument psychologique justifiant le fait qu'il faudrait faire payer la désinfection de l'eau potable ne tient pas la route.

Les principales victimes de la diarrhée étant les enfants, les deux équipes de chercheurs se sont aussi demandé si les familles avec enfants seraient prêtes à payer plus cher le chlore. Il n'en a rien été. Que cela soit au Kenya ou en Zambie, les familles ayant des enfants n'étaient pas plus enclines à payer un prix plus élevé que les familles sans enfants. L'argument économique, qui relie la disposition à payer à l'évaluation du besoin, n'est donc pas validé.

Lorsque l'on pense à l'accès à l'économie de l'eau dans les pays en développement, il faut se garder d'imaginer que les mécanismes valides dans les pays industrialisés fonctionneront. Un des plus grands spécialistes de la psychologie interculturelle, Joseph Henrich, l'explique dans ces termes : la population occidentale, diplômée, riche, industrialisée et démocratique ne représente qu'une infime fraction de la population. Pour Henrich, elle est même la population la plus bizarre du monde[17]. Chez nous, le prix peut être un moyen de signaler la qualité ou la rareté d'un bien ou de lui donner une valeur économique. Pour les pauvres des pays pauvres, ceux qui vivent avec 2 ou 3 dollars par jour, le prix est tout simplement une barrière à l'utilisation. Par ailleurs, dans de nombreux pays en développement, les décisions sont beaucoup plus collectives que dans les pays industrialisés. Le choix de se raccorder à l'eau ou d'utiliser le chlore ne se fait pas de manière individuelle, mais s'effectue au niveau d'un village, d'un immeuble ou d'un quartier.

Dans les pays industrialisés, l'histoire de l'accès à l'eau montre que le développement des réseaux et la connexion des individus à ces réseaux demandent du temps et représentent un investissement financier important. Toutefois, les avancées technologiques ont permis de diminuer les coûts. La simple désinfection de l'eau par la chloration permet d'éliminer les cas de diarrhée pour moins de 20 centimes d'euros par mois[18]. Comme le rapportent les prix Nobel d'économie Abhijit Banerjee et Esther Duflo dans leur livre *Poor Economics*, l'organisation non gouvernementale indienne Gram Vikas arrive à connecter au réseau d'eau des villages entiers en Inde pour moins de 4 dollars mensuels par logement[19], cinq fois moins que le coût estimé par les organisations internationales. La méthode pour faire baisser les coûts individuels du raccordement est simple : il suffit de brancher tous les logements d'un village en même temps. Pour s'assurer que tout le monde s'acquitte du coût de raccordement et des frais d'entretien du réseau, le paiement est collectif et se fait village par village. On peut distribuer de l'eau potable à un coût très faible à l'ensemble de la population.

Compte tenu des effets positifs de l'eau potable pour la santé publique et du coût faible de sa distribution[20], il faut développer à échelle les deux solutions les plus simples. Les distributeurs de chlore au point de retrait de l'eau doivent être gratuits dans les bidonvilles et les zones rurales. Le branchement de la population au réseau d'eau doit se faire par quartier dans les zones urbaines, ou par village dans les zones rurales, par un mélange de subventions et d'étalement du coût fixe sur la facture mensuelle sur plusieurs années.

Partie trois

Quelles solutions mettre en œuvre ?

Chapitre 10

Agir sur la demande et sur l'offre

Le marché de l'eau fait face à trois défis : avoir de l'eau en quantité suffisante pour satisfaire les besoins des usagers, promouvoir l'accès à l'eau et inciter les usagers et les opérateurs à avoir de bonnes pratiques. Il faut agir sur la demande pour gaspiller moins et développer, quand cela fait sens, l'offre d'eaux non conventionnelles. C'est un nouveau paradigme qu'il faut trouver, autour de l'encadrement de la demande et de la stabilisation de l'offre.

Mettre en place une tarification adaptative de l'eau

La tarification de l'eau doit répondre à des enjeux multiples qui sont souvent divergents, et qui répondent à des enjeux définis localement. La tarification de l'eau doit permettre aux opérateurs d'avoir les moyens de leurs actions, mais aussi assurer des objectifs environnementaux et sociaux. Il faut donc inventer une tarification équilibrée qui assure une certaine péréquation entre les différentes catégories de revenus, types de famille ou territoires.

La tarification progressive est plébiscitée par le gouvernement français, mais aussi par différentes institutions comme la Cour des comptes et le Conseil économique, social et environnemental. La tarification progressive consiste à mettre en place un tarif en escalier par tranches de consommation d'eau. Elle est un outil efficace pour diminuer la consommation d'eau, et rendre compte de sa rareté, mais elle a aussi deux limites qui sont largement sous-estimées par les pouvoirs publics : elle ne fonctionne bien que si des compteurs individuels sont installés dans chaque logement et elle peut pénaliser les ménages les plus pauvres.

La tarification progressive ne fonctionne que si on peut compter l'eau

En premier lieu, la tarification progressive ne fonctionne que si on peut précisément compter la consommation d'un logement et que les usagers ont conscience de leur consommation, en payant des factures individualisées[1].

Pour faire face au défi du comptage de la consommation d'eau et faciliter la mise en place d'une tarification progressive, plusieurs avis vont dans le sens de la mise en place de compteurs individuels « intelligents », permettant la télérelève et le comptage de la consommation en temps réel[2]. Chaque ménage recevrait ainsi une facture individuelle, comme pour l'électricité. Mais cette mesure ne fait pas l'unanimité en raison de son coût pour l'ensemble des acteurs et de l'individualisme qui la caractérise dans son rapport à l'eau.

L'installation systématique de compteurs individuels intelligents coûterait effectivement très cher, en particulier pour les immeubles collectifs. À titre de comparaison, le déploiement des compteurs Linky pour l'électricité a été chiffré à plus de 5 milliards d'euros pour pouvoir équiper 35 millions de logements[3]. De même, les coûts de gestion de ces nouveaux compteurs pourraient être élevés pour les opérateurs puisqu'il faudrait gérer plus d'abonnés, et donc plus d'impayés, que dans la situation actuelle[4]. Par ailleurs, chaque ménage devrait payer individuellement la gestion du compteur d'eau, alors que le coût du compteur est actuellement divisé entre tous les logements d'un immeuble. La généralisation de compteurs individuels coûte donc très cher, et certains opposants mettent en avant le fait que l'argent pour les installer pourrait être mieux investi, par exemple en réduisant les fuites sur les réseaux d'eau potable.

Au regard de ces différents inconvénients, un simple mécanisme de télérelève adossé au compteur divisionnaire existant pourrait être mis en place. Les consommateurs pourraient ainsi, à défaut de recevoir une facture individualisée, connaître leur consommation et comprendre combien ils paient l'eau. À l'heure des données massives, il est paradoxal qu'un individu ne puisse pas suivre sa consommation d'eau !

La deuxième critique que l'on fait à la mise en place d'une facture individuelle est qu'elle renvoie à un renforcement de l'individualisme dans la gestion de l'eau. En effet, la gestion en copropriété suppose que l'eau – et son coût – se partage entre un collectif d'individus copropriétaires[5]. À l'inverse, l'individualisation du compteur ne rend pas forcément plus responsable l'usager, sauf s'il utilise de l'eau pour des usages extérieurs à son logement, par exemple pour arroser son jardin[6]. Comme le note Bernard Barraqué, spécialiste de la gestion de l'eau urbaine, la consommation dans le logement dépend essentiellement des équipements électroménagers et de facteurs culturels qui ne seront pas modifiés par la mise en place d'un compteur individuel[7]. Il est donc logique d'avoir des compteurs individuels pour des maisons, où les consommations sont par ailleurs plus grosses, mais pas forcément pour des immeubles collectifs. Dans de nombreux pays, l'eau est encore payée en proportion de la valeur locative du logement, comme en Angleterre, où un peu moins de la moitié des usagers paient l'eau via une taxe, plutôt qu'un tarif[8]. La facturation individuelle affaiblit quelque part le droit à l'eau, nécessairement universel et dont le paiement ne peut pas être individualisé.

Historiquement, un certain nombre de tensions existent dans les logements collectifs autour du paiement de la facture d'eau. Lorsque les copropriétaires ne paient pas les charges, la copropriété dans son ensemble peut être pénalisée[9]. Pour cette raison, la demande d'individualisation du comptage – pas forcément de la facture – est forte. C'est pour cela que le législateur a poussé les logements collectifs, avec un succès limité, à être équipés de compteurs individuels[10].

Pour pouvoir réellement quantifier les usages, le compteur d'eau individuel intelligent est amené à se développer. Il n'est pas bien logique que ce qui est accessible pour d'autres services de réseau, comme l'électricité ou la téléphonie mobile, ne le soit pas pour l'eau… Le compteur intelligent permet effectivement aux usagers de suivre leur consommation en temps réel, d'être alertés en cas de fuites, de mieux connaître le prix et la quantité d'eau qu'ils consomment. Les usagers n'en feront peut-être pas une utilisation rationnelle, mais il n'est pas possible de les responsabiliser sans qu'ils se rendent compte de leur niveau de consommation.

La tarification progressive n'est pas une tarification sociale

En second lieu, la tarification progressive a un impact social qui est discutable. En effet, les gros consommateurs ne sont pas toujours les plus riches. Une famille nombreuse pauvre a de fortes chances de consommer plus d'eau qu'un célibataire riche. En ce sens, la tarification progressive pose des questions éthiques. Elle entraîne une redistribution entre petits et gros consommateurs, plutôt qu'entre ménages aisés et démunis[11].

Contrairement à une idée répandue, la tarification progressive n'est donc pas une tarification sociale. La tarification sociale vise à diminuer le prix de l'eau pour les plus démunis, la tarification progressive a essentiellement une approche environnementale et vise à faire payer plus les gros consommateurs.

Pour faire face à ces effets antiredistributifs, les collectivités françaises qui ont expérimenté la tarification progressive l'on souvent adossée à un mécanisme social, comme un chèque « eau », une aide forfaitaire, ou une modulation de la part fixe ou variable du tarif. Par exemple, le Syndicat des eaux de Dunkerque a mis en place une tarification dite « sociale » en complément de la tarification progressive, permettant aux ménages éligibles à la couverture maladie universelle de bénéficier d'un tarif préférentiel sur les premiers volumes consommés. Il faut donc systématiquement adosser une tarification sociale à la tarification progressive[12].

La bonne application de la tarification sociale nécessite néanmoins de pouvoir identifier les bénéficiaires des aides sociales. Pour cela, il faut croiser les données des services d'eau avec celles des centres communaux d'action sociale (CCAS), la caisse primaire d'assurance maladie (CPAM), et les caisses d'allocation familiale (CAF). Mais la transmission des données entre administrations pose problème et il est difficile d'identifier des bénéficiaires de la tarification sociale qui n'ont pas de compteurs individualisés. Souvent, le déclenchement de la tarification sociale nécessitait une déclaration des usagers qui ne savaient même pas qu'ils pouvaient en être bénéficiaires.

Dans beaucoup de villes, l'aspect antiredistributif de la tarification progressive a fait grincer des dents et la complexité de certains outils sociaux a été remplacée par de simples aides communales. La tarification progressive a donc des effets sociaux qui limitent sa portée : elle peut remettre en cause le droit à l'eau de certains usagers.

La tarification progressive adaptée à la taille du ménage

Il est néanmoins possible d'avoir une tarification progressive qui soit aussi sociale. Pour cela, il faut disposer d'un certain nombre d'informations sur le ménage, notamment le nombre de personnes qui vivent dedans pour avoir des tranches de prix qui varient selon la composition du ménage. La consommation domestique moyenne d'un individu est d'environ 50 mètres cubes d'eau par an. On pourrait considérer par exemple qu'un individu vivant seul reçoive un prix faible pour une consommation inférieure à 50 mètres cubes mais un prix élevé au-delà. De même un couple paierait un prix faible jusqu'à 100 mètres cubes et ensuite un prix élevé une fois ce niveau de consommation dépassé. Le nombre de mètres cubes déclenchant la tranche supérieure variant d'un ménage à l'autre, les effets sociaux négatifs de la tarification progressive disparaîtraient. Cette tarification progressive est *adaptée* à la composition du ménage.

Une tarification progressive adaptée est évidemment facilitée si des compteurs individuels existent, et qu'il est possible de connaître le nombre de personnes vivant dans le logement. Elle n'est pas éloignée de solutions qui ont été adoptées dans certains pays, par exemple dans certains services de Californie aux États-Unis, où la première tranche de consommation dépend de la surface du terrain[13].

La tarification progressive adaptée répond aux objectifs environnementaux, économiques et sociaux de la tarification de l'eau. Elle est donc utile et juste : elle permet de garantir la santé économique des services d'eau et d'assainissement, l'équité entre les consommateurs, et elle n'a pas d'effets antiredistributifs sur les ménages les plus pauvres. La tarification progressive adaptative serait donc un outil puissant de la mise en place de la sobriété.

La tarification saisonnière et les incitations à la sobriété

Même si la tarification progressive a été identifiée comme la solution permettant de limiter la consommation d'eau, d'autres formes de tarification existent. La loi prévoit la possibilité d'une tarification saisonnière[14]. Cette solution est intéressante dans les communes où l'équilibre entre l'offre et la demande est menacé de façon saisonnière, à cause du climat ou du tourisme par exemple. C'est le cas à Hyères, dans le sud de la France, où l'eau potable coûte plus cher en été, pour mieux refléter la rareté de l'eau. Aux États-Unis, des schémas de tarification plus compliqués existent, où le prix de l'eau peut varier selon la température. On peut imaginer que le prix puisse aussi évoluer selon les périodes de restriction de l'eau. Ces tarifications saisonnières devraient être amenées à se développer.

Il est aussi possible d'expérimenter des incitations financières à diminuer la consommation des usagers. Par exemple, à São Paulo, pendant une période de sécheresse en 2015, le service des eaux a accordé une réduction de 30 % de leur facture aux usagers domestiques qui arrivaient à baisser leur consommation d'eau d'au moins 20 %[15]. La consommation a baissé de 20 % en moyenne, et 80 % des abonnés ont réduit leur consommation. C'est en quelque sorte la symétrique de la tarification progressive : moins on consomme, et plus vite la facture diminue.

Dans le secteur de l'électricité en Californie, ce type de programmes a été mis en place pour éviter la surchauffe des centrales électriques en été. On pourrait mettre en place un système similaire en France en période de sécheresse[16]. Par exemple, on pourrait diminuer de 20 % la facture d'eau des ménages qui réduisent leur consommation de 20 % par rapport à l'année précédente[17]. Bien menés, ces programmes ponctuels permettraient de réduire la consommation quand la ressource est menacée, de manière moins schématique que des cibles globales pour l'ensemble des usagers. Ils pourraient être financés par les agences de l'eau.

La tarification progressive dans l'agriculture et l'industrie

La Cour des comptes préconise de mettre en place la tarification progressive « partout où cela est possible »[18]. Dans l'agriculture et l'industrie, la tarification de l'eau se fait à un prix bas et est même parfois dégressive. Dans les deux secteurs, il faut mettre en place des tarifications incitatives, supprimer les tarifications dégressives et faire converger le prix de l'eau potable vers celui des usagers domestiques.

Les agriculteurs paient l'eau brute à leur gestionnaire de réseaux collectifs de distribution. La majorité des agriculteurs paient au forfait en fonction de la surface agricole. Certains organismes de gestion collective ont mis en place des tarifs avec une partie fixe et une partie variable. Des tarifs progressifs pourraient être utilisés pour inciter à moins consommer d'eau.

Les industriels sont souvent connectés au réseau d'eau collectif mais bénéficient d'un réseau d'eau industriel, pour distribuer une eau qui est traitée mais qui n'est pas destinée à la consommation humaine. Il n'y a pas de recensement exhaustif de cette eau industrielle mais elle bénéficie fréquemment de tarifs dégressifs qu'il faudrait supprimer.

Comme pour les ménages, la tarification peut aussi être utilisée de manière différenciée selon les saisons ou pour avantager économiquement les agriculteurs pratiquant l'agroécologie, par exemple, ou des industriels s'engageant dans un plan de consommation d'eau[19]. Des compteurs intelligents peuvent aussi guider les agriculteurs et les industriels vers une meilleure maîtrise de leur consommation d'eau[20].

Redonner une voix au citoyen

Le droit à l'information est reconnu aux usagers mais les informations qu'on leur donne ne sont pas toujours de bonne qualité. La mise en place de simulateurs de tarifs sous différents régimes peut être réalisée, relativement facilement, au moins pour les grandes villes. Lors de mes enquêtes de terrain et de mes présentations à différentes municipalités, j'ai été frappé du manque d'information des usagers sur leurs services d'eau, en particulier sur la tarification. « Ce que vous ne pouvez monnayer n'a pas de valeur », écrivait Goethe dans *Faust*. Il n'est pas possible de sensibiliser le consommateur qui ne connaît ni le prix, ni la quantité d'eau qu'il consomme.

Il faut aussi mieux associer les citoyens aux décisions sur les orientations des programmes des agences de l'eau et aux instances consultatives locales pour donner un avis en matière de gestion des services publics. Si l'association des usagers est largement prévue par les textes, leur application effective pose des problèmes. En effet, les usagers domestiques représentent l'essentiel de la facturation mais ils n'ont pas voix au chapitre de l'eau. À l'inverse des associations de protection de la nature ou des acteurs économiques qui savent se faire entendre. Pourtant, les usagers domestiques ont envie d'exprimer leur point de vue… On l'a vu lors des tensions au début des travaux de réalisation des réserves de substitution à Sainte-Soline. Les citoyens doivent être consultés sur les enjeux relatifs à l'eau, pour qu'ils aient leur mot à dire sur l'usage de l'eau et sur la tarification, au moins qu'ils soient informés.

Stabiliser l'offre

L'enjeu de la stabilisation de l'offre est de limiter les prélèvements d'eau pour ne pas dérégler son cycle naturel. Des évolutions du côté de l'offre doivent permettre de limiter les prélèvements sur les ressources en eau. Le développement de l'usage des eaux non conventionnelles est un potentiel d'offre qui a été sous-exploité en France. Cette option doit être largement explorée. Néanmoins, la priorité doit être donnée à la réduction des fuites dans les réseaux urbains sous-performants.

La réutilisation des eaux usées

Il y a trois sources d'eau non conventionnelles qui sont largement répandues à travers le monde : la réutilisation des eaux usées traitées (REUT), le dessalement de l'eau de mer et la collecte des eaux de pluie. Une quatrième méthode, la collecte de l'eau des brouillards, est plus d'appoint mais se répand dans de nombreuses zones arides.

La REUT consiste à récupérer et à recycler les eaux usées à un endroit donné – un territoire, ou même un bâtiment – et à les réutiliser ensuite, sans rejeter ni prélever de l'eau dans la nature. La REUT est une forme de service d'eau fonctionnant en circuit fermé. Elle nécessite un certain nombre d'investissements, en particulier la création d'un nouveau réseau. Néanmoins, la REUT peut se révéler au moins intéressante pour un certain nombre d'usages, pour alimenter des grandes exploitations agricoles ou certaines usines, ou pour arroser les espaces verts, laver les rues, et même pour alimenter les robinets d'eau potable. Selon l'usage qui en est fait, les traitements opérés sont différents, et donc plus ou moins coûteux.

Sur des territoires de taille réduite où l'eau est rare, comme Israël ou Singapour, la REUT est largement utilisée et représente respectivement 90 % et 40 % de l'eau consommée. D'autres pays européens l'ont largement développée comme une source alternative, en particulier l'Italie et l'Espagne, où elle représente respectivement 8 et 14 % des eaux usées. En France, les eaux de REUT ne représentent que 1 % de la consommation d'eau potable. La REUT est pour le moment la ressource la plus intéressante, mais son utilisation ne peut être que très localisée. Elle doit donc être réservée à des territoires où le stress hydrique est élevé.

La REUT comporte aussi de nombreuses limites. Les projets de mise en place des usines de REUT prennent plusieurs années, de trois à quinze ans. En raison de la nécessité de traiter intensivement les eaux usées, le coût de l'eau REUT est bien plus élevé que le coût de l'eau potable actuel en France. Par ailleurs, la REUT est une solution très localisée et donc essentiellement destinée à de grands ouvrages, comme des terrains de golf ou de grands complexes immobiliers. Les collectivités et les industriels les plus intéressés se situent généralement dans des zones littorales, où l'eau douce est plus rare. En résumé, la REUT doit être développée mais elle doit s'intégrer à un ensemble de solutions.

Depuis plusieurs années, la REUT est encouragée au niveau européen. Le « Plan Eau » du gouvernement français prévoit de lancer 1 000 projets d'ici à 2027, en levant notamment les freins réglementaires. Le financement de la REUT pourrait se faire jusqu'à 80 % par les agences de l'eau. Le financement restant pourrait provenir de taxes sur la plus-value foncière liée à la sécurisation de l'accès à l'eau sur un territoire donné.

Dessaler l'eau de mer

L'eau de mer est la cousine de l'eau douce. Contrairement à cette dernière, l'eau de mer est disponible en abondance. Elle représente 97,5 % de l'eau sur notre planète. 40 % de la population mondiale vit à moins de 100 kilomètres de la mer.

Dessaler l'eau de mer a donc un potentiel élevé. Trois cents millions de personnes – essentiellement dans le bassin méditerranéen et dans les pays du Golfe, mais aussi en Afrique du Sud, en Australie et en Californie – dépendent de ce mode d'approvisionnement[21]. Dessaler permet aussi de faire face à la salinisation de certaines sources d'eau, en raison du changement climatique.

Le dessalement consiste, après avoir aspiré de l'eau de mer, à séparer l'eau et le sel, par différentes méthodes, et à retirer les impuretés. L'eau est parfois reminéralisée par la suite. L'eau dessalée coûte deux à huit fois plus cher que l'eau potable traditionnelle. Surtout, le dessalement est énergivore mais la technologie évolue rapidement, de manière à être plus économe. Dans l'état des connaissances actuelles, le dessalement peut être utilisé pour constituer des sources d'appoint.

Par exemple, la ville de Barcelone, en Espagne, a construit une usine de dessalement en 2009, à la suite d'une sécheresse importante, ayant amené à importer de l'eau par conteneur de Marseille[22]. L'usine de dessalement des eaux de mer de Barcelone peut produire jusqu'à

200 000 mètres cubes d'eau potable par jour. L'usine a tourné à plein régime pendant les sécheresses estivales des dernières années mais ne fournit en principe qu'une petite quantité de l'eau potable de la ville[23].

Collecter les eaux de pluie

La collecte des eaux de pluie consiste à capturer l'eau de pluie là où elle tombe, en la traitant sur place et en l'utilisant ensuite. Cette solution peut être particulièrement intéressante pour faire face au changement climatique, où sécheresse et fortes précipitations alternent.

L'emploi des eaux de pluie, une fois traitées, ne pose aucun problème pour des usages industriels ou à l'extérieur de l'habitation. Mais cette méthode nécessite aussi des infrastructures permettant de faire face aux précipitations exceptionnelles, décanter les eaux à grande vitesse puis les stocker dans des réservoirs artificiels.

Cette solution est utile pour les zones urbaines notamment, où les sols sont largement imperméabilisés. Singapour en a fait un des éléments clés de sa politique de l'eau en mettant des réservoirs de collecte de la pluie partout sur l'île, permettant de couvrir 10 % des besoins en eau de la ville-pays. En ville, l'eau pluviale pourrait être utilisée pour les piscines, le nettoyage des rues, les bouches d'incendie, l'arrosage des parcs et des complexes sportifs.

Les zones moins denses peuvent aussi bénéficier de la collecte des eaux de pluie. La Californie en a fait un élément important de son plan eau, présenté en 2022, particulièrement dans les zones éloignes de la côte Pacifique. Les systèmes de capture incluent de multiples bassins de rétention, des fossés de filtration et des sols plus perméables. La capture des eaux de pluie permettra ainsi de recharger les nappes en période de sécheresse[24]. Le stockage des eaux de pluie dans des conditions acceptables pourrait aussi être utilisé pour l'irrigation.

Le captage des eaux de pluie peut donc être utilisé de manière à recharger les nappes phréatiques pour prévenir les inondations, tout en favorisant une utilisation plus durable des ressources en eau.

Capter l'eau des brouillards

Une dernière solution non conventionnelle pour augmenter l'offre consiste à capturer l'eau des brouillards. Cette solution, utilisée dans de nombreux pays depuis le début des années 1990, a été développée au Chili pour fournir de l'eau dans le désert d'Atacama. Les capteurs d'eau sont des grillages ou des filets qui collectent la condensation du brouillard. Cette méthode ne consomme pas d'énergie et est particulièrement bienvenue dans des zones arides, montagneuses, venteuses, et évidemment sans source d'eau. Le volume d'eau capturé est généralement faible – 10 à 100 litres d'eau par jour par mètre carré – mais suffisant pour fournir de l'eau à des villages de petite taille, comme dans les montagnes de Sidi Ifni, au Maroc, où des centaines de foyers sont approvisionnés en eau par les gouttelettes capturées dans le brouillard[25]. L'Espagne et le Portugal se sont lancés dans l'utilisation de cette source non conventionnelle pour des programmes de reforestation. Cette solution d'appoint peut être utilisée dans les îles françaises pour fournir une source d'eau supplémentaire.

Toutes ces solutions – REUT, dessalement, collecte des eaux de pluie et de l'eau du brouillard – doivent être considérées dans le mix hydrique. Elles peuvent fournir des solutions localisées, d'appoint, particulièrement dans les zones les plus exposées au stress hydrique. Elles contiennent évidemment de nombreuses limites, non seulement au regard des investissements qu'elles nécessitent, mais aussi d'un point de vue environnemental. En effet, ne pas rejeter l'eau dans son milieu naturel, pomper l'eau de mer ou ne pas laisser les pluies ruisseler, peut avoir dans une certaine mesure des effets négatifs sur la biodiversité et sur les ressources en eau. Ces effets potentiellement négatifs n'existent pas dans une zone aride ou sans eau douce, mais peuvent affecter des territoires plus humides, et ne sont donc pas des solutions miracles au manque d'eau. Elles constituent néanmoins des options à explorer dans un plan d'investissement pour les trente prochaines années.

Réduire les fuites d'eau

À plus court terme, une solution simple est de réduire les fuites d'eau sur les réseaux d'eau potable. Dans le monde, les fuites sur les réseaux d'eau potable sont estimées à 126 milliards de mètres cubes chaque année[26]. Cela représente la consommation de 800 millions d'habitants, et 39 milliards de dollars perdus par les services d'eau. Les fuites ne sont pas seulement un immense gaspillage environnemental, elles nuisent à la rentabilité des services et entraînent des interruptions de service régulières.

Des solutions simples existent pour réduire les pertes. La bonne connaissance du réseau est le préalable à la diminution des fuites. L'optimisation de la pression pour éviter les casses et réduire les pertes, la mise en place de systèmes de détection, et le remplacement du réseau sont des solutions standards, plus ou moins coûteuses.

Ces solutions sont cumulatives. La priorité est d'abord de mieux connaître le réseau, de pouvoir le cartographier et de recenser les interventions qui ont été réalisées. Il faut ensuite gérer la pression du réseau, investir dans des solutions de détection des fuites, puis éventuellement remplacer le réseau.

Les efforts de réduction des fuites doivent cibler en priorité les réseaux d'eau urbains. En effet, du fait de la densité des villes, un petit pourcentage de pertes se traduit par un volume d'eau perdu important.

Comment financer les investissements de connaissance et éventuellement de remplacement du réseau ? Outre les fonds des agences de l'eau et des collectivités, de multiples prêts environnementaux existent au niveau national ou au niveau européen. La Caisse des dépôts et consignations a par exemple consacré 2 milliards d'euros à des « aqua-prêts » pour financer le renouvellement des réseaux. Les collectivités peuvent aussi réfléchir à différentes manières de rendre la charge d'investissement de renouvellement des réseaux indolore pour le consommateur. Par exemple, amortir systématiquement sur la durée de vie du réseau leur investissement permet de limiter les hausses de prix[27].

Changer le business model des opérateurs

Le mode de rémunération actuel des opérateurs – au volume vendu – pousse ces derniers à produire et à vendre plus d'eau, à augmenter les tarifs, ou à diminuer les coûts de production et l'investissement sur les réseaux, quitte à laisser augmenter les fuites. Face à la diminution de la consommation, la solution la plus utilisée par les opérateurs est d'ailleurs d'augmenter le prix de l'eau[28]... Cela montre bien les limites du business model des opérateurs de l'eau.

Il faut modifier le mode de rémunération des opérateurs d'eau potable. Des contrats de performance hydrique, à l'image des contrats de performance environnementale, pourraient être mis en place pour améliorer l'efficience des services plutôt que d'inciter à produire plus d'eau. Les opérateurs seraient alors encouragés à réduire les fuites et à mettre en place des actions incitant les usagers à diminuer la demande d'eau. Ils pourraient être rémunérés sur de nouveaux services, par exemple la sensibilisation de l'usager et l'information sur le gaspillage.

Les opérateurs des services, qu'ils soient publics ou privés, pourraient être rémunérés partiellement, à hauteur de 20 % par exemple, en fonction d'indicateurs de performance environnementaux, dont la réduction des fuites. On peut imaginer aussi un système de malus en cas de non-respect d'objectifs de réduction de la consommation ou des pertes d'eau. L'opérateur pourrait être rémunéré à l'inverse sur la meilleure connaissance du réseau et le déploiement de systèmes de surveillance des fuites.

Un tel système de sanctions et de récompenses pour inciter les opérateurs à réduire les fuites d'eau a été institutionnalisé par le régulateur italien. Entre 2016 et 2019, cela a permis de réduire de plus de 15 % la part de la population desservie par des opérateurs peu performants.

De même, les opérateurs pourraient aussi prendre à leur charge un certain nombre d'investissements d'adaptation au changement climatique pour rendre les services d'eau moins consommateurs d'énergie et plus résilients au changement climatique. Des estimations récentes indiquent que les émissions des services d'eau et d'assainissement représentent 3 à 7 % des émissions de gaz à effet de serre des villes[29]. La participation des services d'eau et d'assainissement à la réduction du changement climatique est donc essentielle.

Certains de nos voisins européens ont déjà été dans ce sens. L'autorité danoise de régulation de l'eau a mis en place un mécanisme permettant aux opérateurs d'augmenter leurs recettes en échange de la mise en place de projets visant à renforcer la capacité des infrastructures à s'adapter au changement climatique. Le régulateur italien a également intégré des indicateurs de décarbonation et de réutilisation des eaux usées pour mesurer la performance des services[30].

La résilience de l'infrastructure au changement climatique doit être renforcée. L'imprévision peut être catastrophique. À Lima, la capitale du Pérou, des glissements de terrain en 2017 ont entraîné le déversement de boues dans le fleuve de la ville et ont interrompu l'approvisionnement en eau pendant quatre jours. Chaque dollar investi dans des systèmes d'eau plus résilients rapporte trois à quatre fois plus[31]. Une régulation incitative peut donc entraîner un afflux d'investissements, notamment privés, dans les réseaux d'eau potable.

Il faut donc inventer un business model qui ira dans le sens d'une sobriété accrue : l'usager continue à payer pour l'eau mais l'exploitant n'est plus simplement rémunéré en fonction du volume consommé par l'usager[32]. Cela permettrait aussi de ne plus considérer l'eau ou la gestion du réseau comme une simple charge, mais comme un patrimoine à valoriser.

Le consommateur ne doit pas être un usager passif de l'eau. Il doit être un « consomm'acteur ». Les années de sécheresse que nous avons connues nous imposent de prendre soin de cette ressource. Le dérèglement climatique rend la gestion de l'eau fragile et l'usager doit s'habituer à faire face aux situations de sécheresse. C'est un modèle mental qu'il faut construire.

Est-ce à dire qu'il ne faut plus se laver, ne pas tirer la chasse, ou ne plus faire ses besoins dans l'eau potable ? La réponse est négative. Il ne faut pas laisser de côté la fonction première du développement des réseaux d'eau, dont l'objectif était la santé publique. L'eau courante est potable car l'introduction d'une eau contenant des bactéries dans le logement peut être dangereuse pour la santé. Si des systèmes alternatifs peuvent être trouvés pour remplir la cuve des toilettes, par exemple utiliser les eaux « grises » de la douche, ces solutions imposent de doubler le réseau d'eau et ne peuvent être encouragées que dans les nouvelles habitations.

L'usager de l'eau doit donc choisir ses combats : mieux consommer de l'eau, c'est surtout mieux consommer là où elle est rare. L'eau est une ressource renouvelable et c'est une ressource localisée : diminuer la consommation d'eau en France ne permettra pas d'exporter l'eau sauvegardée en Amérique latine ! En revanche, limiter son temps de douche lors de ses vacances d'été dans le bassin méditerranéen relève du comportement citoyen...

Pour accompagner cette sobriété, il faut repenser la manière de rémunérer les entreprises de l'eau, qu'elles soient publiques ou privées. En France par exemple, les régies et les entreprises privées délégataires gérant le service public de l'eau ont des recettes conditionnées au volume d'eau vendu. Le business model de l'eau doit évoluer vers un modèle de rémunération à la performance hydrique, permettant d'accroître l'efficience des opérateurs en matière de prélèvement sur la ressource. Il faut faire mieux avec moins.

Chapitre 11

Planifier et décloisonner les politiques de l'eau

L'amélioration de l'offre et de la demande ne se fera pas sans une planification renouvelée des politiques de l'eau, en lien avec l'urbanisation et l'aménagement du territoire. Il faudra aussi planifier la « déshydratation » de notre agriculture, pour qu'elle soit moins consommatrice d'eau. Enfin, la planification doit pleinement intégrer la protection des écosystèmes.

Reconnecter les politiques de l'eau à l'aménagement du territoire

Nous avons besoin d'un Haussmann du XXIe siècle !

Il faut mieux articuler les politiques de l'eau à l'aménagement du territoire et à l'urbanisme. À l'image de la Rome antique, beaucoup de villes vont puiser leur eau de source le plus loin possible, de manière qu'elle soit la plus pure possible. Les villes, qui deviennent de véritables léviathans, s'accroissent parfois jusqu'à leurs sources d'eau historiques, polluant ainsi la nappe. Au niveau mondial, les grandes mégalopoles sont largement situées dans des zones inondables[1]. La planification hydrique doit donc se faire en conjonction avec le développement urbain et l'aménagement du territoire d'une manière générale.

La planification hydrique doit intégrer l'aménagement du territoire

Singapour est un exemple de planification hydrique réussie. L'île, située au sud de la Malaisie, est entourée d'eau mais a des ressources d'eau douce très limitée. L'essentiel de l'eau est importé de Malaisie, via un contrat de cent ans, signé en 1960. Le contrat est un échange de bons procédés : Singapour importe de l'eau, mais revend en échange une partie de l'eau traitée à un coût bas à son voisin malais.

En raison de multiples conflits entre les deux États autour de ce contrat, notamment du prix de l'eau, Singapour a mis en place un plan d'indépendance hydrique à réaliser d'ici à 2060. L'eau usée recyclée et purifiée représente actuellement 40 % de la demande en eau, et représentera 60 % de la consommation en 2060. Le reste de l'eau vient du dessalement et de la pluie, la ville-État s'étant équipée de différents réservoirs de collecte de pluie sur l'ensemble de l'île.

Singapour favorise aussi l'intégration de la nature dans les villes, visant à en faire une « ville jardin » avec pour objectif de devenir une « ville dans la nature ». Chaque nouvelle construction doit compenser la destruction de la surface au sol en restituant cette partie en surfaces végétalisées. Les espèces végétales locales sont utilisées dans un style de jardinage qui nécessite peu ou pas d'irrigation. Singapour n'a pas d'agriculture; des jardins sur les toits permettent l'agriculture à petite échelle mais cette agriculture urbaine devrait subvenir à 30 % de ses besoins. Sa situation particulière a poussée la ville-État à repenser son organisation territoriale, à planifier l'évolution de son mix hydrique et à mener un certain nombre d'investissements pour le long terme dans ses réseaux d'eau.

En août 2022, le gouverneur de Californie, Gavin Newsom, a annoncé un vaste plan d'investissement de huit milliards de dollars pour sécuriser l'approvisionnement en eau de huit millions de Californiens. Le plan hydrique mise sur la réutilisation des eaux usées, le développement des usines de dessalement, le captage des eaux de pluie et la création de vastes réservoirs sur l'ensemble de l'État. Comme à Singapour, le plan ne vise pas seulement à stabiliser l'offre mais contient également un fort volet relatif à l'aménagement du territoire. La côte Pacifique devrait privilégier le dessalement de l'eau de mer, les centres urbains le recyclage de l'eau, et les autres zones la capture et le stockage des eaux de pluie.

L'État du « soleil qui brille », comme l'appellent les Américains, doit être transformé en éponge. Et pour cela, le plan du gouverneur joue sur les caractéristiques particulières de son territoire. Les rues sont essentiellement composées de maisons individuelles et on s'y déplace le plus souvent en voiture, l'espace est donc largement occupé par des routes ne servant même pas à circuler mais juste à se garer devant sa maison ou un commerce. Le plan intègre le développement des sols végétaux et des revêtements perméables pour les allées des maisons, permettant le stockage des eaux de pluie dans des nappes ou des réservoirs souterrains.

Mais il faut évidemment aller plus loin : la consommation d'eau d'un Californien est cinq fois supérieure à celle d'un Français… et 50 % de l'usage domestique de l'eau sert à arroser les pelouses, à nettoyer les allées des maisons et les voitures. Des règles sont déjà en place pour limiter la consommation de ces trois activités mais l'adaptation nécessitera d'utiliser exclusivement certaines sources d'eau pour ces différents usages.

Connecter les politiques de l'eau aux politiques d'urbanisme et d'aménagement territorial est un élément important de la réussite d'un plan hydrique. L'aménagement du territoire doit se faire autour de grandes villes interconnectées, construites à la verticale, avec des zones agricoles à proximité. Les zones humides doivent être protégées, et des zones de protection des eaux et des écosystèmes, autour des captages d'eau par exemple, doivent être créées. Les rues des villes doivent être vertes avec des arbres permettant de rafraîchir la température au sol pendant les canicules et de retenir l'humidité, des toits verts, et des jardins de pluies absorbants. Les villes doivent être perméables avec des bassins recueillant et filtrant l'eau de pluie pour une réutilisation rapide.

Créer le réseau d'eau où il n'existe pas et étendre les réseaux existants

La planification hydrique doit se traduire par un certain nombre d'investissements dans les infrastructures de l'eau. Le GIEC met d'ailleurs en avant le fait que l'accès à l'eau dépend plus des infrastructures que de la quantité d'eau disponible[2]. Dans les pays en développement, la construction des réseaux d'eau et le raccordement des usagers au service public de l'eau sont un défi qu'il faut relever. Une nouvelle catégorie de financements dédiés à l'eau et à l'assainissement pourrait émerger. Ces fonds pourraient être amorcés par les institutions financières internationales, avec le concours d'entreprises privées, et amener à une rémunération fondée sur l'impact social du projet[3].

Dans les pays industrialisés, l'infrastructure doit être améliorée ou étendue pour sécuriser l'accès à l'eau potable[4]. Les investissements doivent permettre de mieux interconnecter les réseaux pour faciliter les échanges d'eau, par exemple entre différentes communes. De même, dans les zones arides, il faut investir sur les interconnexions entre usagers, pour faciliter des transferts d'eau de l'agriculture vers les usages urbains, par exemple. L'interconnexion des réseaux ne fait évidemment sens que si elle contribue à la sécurisation des ressources en eau, et ne doit pas se traduire par une augmentation de la consommation d'eau ou une dégradation de la biodiversité. Les investissements d'interconnexion ne devraient pas reposer uniquement sur les usagers domestiques de l'eau mais pourraient reposer sur des recettes fiscales locales[5].

Planifier la transition « bleue » de l'agriculture

On ne peut plus déconnecter la question agricole des politiques de l'eau. L'agriculture représente environ 70 % des prélèvements d'eau dans le monde. Surtout, l'utilisation de fertilisants agricoles entraîne une pollution importante. L'agriculture est à l'origine de 78 % de la prolifération des algues (eutrophisation) des lacs, rivières, mers et océans[6]. Dans les prochaines années, la production agricole va devoir augmenter plus que proportionnellement pour faire face à la croissance démographique et à l'amélioration des niveaux de vie dans les pays émergents, avec moins d'eau et des terres plus sèches.

Les agriculteurs du monde entier connaissent de plus en plus des événements extrêmes. Le changement climatique, mais aussi les conflits affectent la production et font varier brutalement les prix. À cause du changement climatique, bon nombre d'agriculteurs ou d'éleveurs abandonnent leur métier. En conséquence, pour se nourrir, le monde dépend de plus en plus de quelques grandes puissances agricoles comme l'Argentine, les États-Unis ou la Russie, ou de quelques producteurs de phosphore ou de nitrogène pour les fertilisants, respectivement le Maroc ou la Russie[7].

La question de l'eau dans l'agriculture est complexe. Le gouvernement français, dans son plan de 53 mesures pour l'eau annoncé en mars 2023, a d'ailleurs soigneusement évité la question agricole en visant une réduction de 10 % de la consommation d'eau d'ici à 2030 pour l'ensemble des usagers, sans détailler des objectifs par catégories d'usagers. Le secteur agricole a largement échappé aux mesures de sobriété promises par le gouvernement.

La question agricole a souvent effrité la politique française et les élus n'ont pas envie de s'opposer aux agriculteurs, qui se sont organisés pour être bien représentés dans toutes les instances démocratiques de la politique de l'eau. L'agriculture est aussi stratégique. L'autonomie alimentaire et la suppression des famines ne sont possibles que si l'on prend soin de nos agriculteurs. On ne mesure d'ailleurs probablement pas assez bien la valeur de l'agriculture.

Ce qui nourrit nous détruit, à cause des pollutions diffuses que l'agriculture rejette dans les eaux que l'on boit. Il faut donc imaginer des solutions permettant de rendre l'agriculture moins polluante et moins consommatrice d'eau, tout en étant plus productive. Le changement s'accompagne de coûts pour les agriculteurs et il faut donc trouver des incitations pour qu'ils fassent évoluer leurs méthodes de production vers une agriculture plus verte, plus écologique et plus bleue, moins consommatrice d'eau.

Révolutionner l'agriculture

Il faut révolutionner la manière dont nous produisons notre alimentation. L'agroécologie, qui renvoie à un ensemble de pratiques agricoles visant à diversifier les variétés et les espèces pour s'adapter à des conditions fluctuantes, est un changement profond de démarche. Elle vise à régénérer la qualité des sols agricoles notamment. En mettant en avant la réduction du travail du sol, la diminution des intrants chimiques et en favorisant le stockage du carbone dans le sol, l'agroécologie apparaît comme un moyen de réduire les émissions de carbone du secteur[8]. L'association d'arbres et de cultures ou d'animaux sur une même parcelle permet de créer un microclimat favorable à l'augmentation des rendements. Les arbres, par leur transpiration, contribuent à 10 % de l'humidité dans l'atmosphère terrestre. Correctement mise en œuvre, la régénération des sols permet de mieux filtrer l'eau dans les sols, d'en garder l'humidité et de faire des économies d'eau sur les sites agricoles. Les petits agriculteurs jouent un rôle clé dans cet effort.

Il faut aussi ajuster notre agriculture au changement climatique. En France, où l'agriculture pluviale est majoritaire, il faut adapter l'agriculture à la sécheresse. La diversification des rotations en incluant plus de cultures d'hiver et des espèces plus tolérantes à la sécheresse est une solution. Toute la filière des viticulteurs s'est par exemple mobilisée pour s'adapter au changement climatique, en choisissant des cépages plus tolérants à la sécheresse ou en adoptant des pratiques d'agroécologie.

L'amélioration des technologies agricoles permet aussi de renforcer la précision de l'irrigation et d'économiser l'eau. L'agriculture de précision doit permettre d'optimiser la quantité d'eau utilisée dans l'irrigation, et de mieux cibler le dépôt des fertilisants. Les technologies permettant d'optimiser l'exploitation de l'eau dans le secteur agricole sont largement connues. De simples capteurs d'humidité au sol, des GPS permettant de cartographier l'usage des fertilisants et une mesure de l'évapotranspiration par satellite sont nécessaires[9]. Selon l'Institut national de recherche pour l'agriculture, l'alimentation et l'environnement (INRAE), le perfectionnement du pilotage de l'irrigation peut permettre de diminuer les prélèvements d'eau de 10 % à 40 %[10]. Des aides de l'Union européenne sont proposées pour accompagner la mise en place d'économies d'eau, à condition de maintenir le rendement des cultures. Elles pourraient largement être sollicitées pour soutenir la révolution bleue de l'agriculture française.

Diminuer les coûts du changement pour les agriculteurs

La plus grande barrière au changement de système agricole est le coût du changement. En effet, les agriculteurs doivent soit faire évoluer la manière dont ils produisent, soit changer les cultures qu'ils produisent. Le changement nécessite de l'accompagnement et de l'argent.

Les subventions à l'agriculture sont un bon moyen d'inciter à développer de bonnes pratiques. Par exemple, la nouvelle PAC européenne, entrée en vigueur en 2023, prévoit 264 milliards d'euros de financement européen pour l'agriculture. Cette PAC demande aux États membres de l'Union européenne de consacrer 25 % de leurs paiements directs à des programmes écologiques. On ne peut pas changer l'agriculture du jour au lendemain et l'adaptation doit être progressive, mais la partie du financement dédiée à la préservation de l'environnement, notamment aux économies d'eau, devra être substantiellement augmentée dans les prochaines années. Les obligations de résultats sur les objectifs de développement durable devront également être renforcées.

Il faut aussi généraliser des systèmes de rémunération payant les agriculteurs en échange de services environnementaux, particulièrement en lien avec la qualité de l'eau potable. On peut par exemple demander aux agriculteurs de protéger les aires de captages. Aujourd'hui, 1 000 captages sont prioritaires en France mais ils ne disposent pas tous d'un plan d'action visant à les protéger concrètement. La protection des captages d'eau coûte moins cher que le traitement de l'eau polluée, alors pourquoi ne pas payer les agriculteurs pour protéger ces zones ?

De telles expérimentations ont par exemple eu lieu dans différentes communes de France. L'entreprise Suez, accompagnée par l'agence de l'eau Seine-Normandie, a lancé un dispositif de paiement pour services environnementaux sur la zone prioritaire de l'aire d'alimentation de captages de Fins-Aubergenville. La commune de Lons-le-Saunier a également payé des agriculteurs pour qu'ils diminuent la pollution de l'eau dans une zone de captage, plutôt que d'installer une usine de traitement des eaux.

On retrouve des incitations relativement similaires dans d'autres régions du monde, par exemple à San Diego, aux États-Unis, où les économies d'eau des agriculteurs sont rachetées par la collectivité pour de l'usage domestique. Les paiements pour services environnementaux devront devenir de plus en plus importants dans les subventions attribuées par la PAC car ils permettent de donner un financement complémentaire à des agriculteurs, tout en respectant les objectifs de développement durable. Des obligations de résultats, plus que de moyens, devront néanmoins être formalisées pour que le dispositif soit viable à long terme.

Il faut sortir du court-termisme politique et planifier un changement de l'agriculture sur les trente prochaines années. Ces programmes doivent être adaptés au contexte local et décidés en partenariat avec les agriculteurs pour lever les freins. Cela implique un accompagnement des pouvoirs publics sur le développement de l'ensemble des filières, et une meilleure transmission des données climatiques aux producteurs agricoles pour limiter l'impact des sécheresses.

Lier planification hydrique et protection des écosystèmes

On ne peut pas s'engager dans une transformation profonde de nos politiques de l'eau sans mieux prendre en compte les dommages que notre activité peut causer à nos écosystèmes.

La planification hydrique doit intégrer les écosystèmes

Le droit reconnaît de plus en plus la nécessité d'utiliser durablement les écosystèmes mais la protection des écosystèmes est encore incomplète[11]. En effet, la protection des écosystèmes a généralement consisté à créer des zones protégées, comme les zones humides qui sont des zones naturelles de l'eau. Ces zones protégées sont une des formes de solution naturelle permettant d'assurer la durabilité de la ressource en eau. Mais les zones protégées ne sont généralement pas bien gérées, faute de financements suffisants[12].

Pourtant, les besoins en financement sont limités. D'ici à 2030, il faudrait investir moins de 0,2 % du PIB mondial tous les ans pour protéger 30 % des terres et des océans du monde[13]. Il n'est pas nécessaire de trouver de nouveaux moyens de financement pour assurer la pérennité des écosystèmes ou investir sur l'amélioration et la résilience des réseaux. Diminuer les subventions qui nuisent aux écosystèmes liés à l'eau douce suffirait largement à trouver les montants nécessaires pour assurer leur protection et aussi retarder les effets du changement climatique, l'eau étant un puits de carbone important. En effet, les subventions nuisibles aux écosystèmes représentent environ 500 milliards de dollars par an au niveau mondial.

Ces subventions ont des effets négatifs dont la valorisation économique représente jusqu'à 6 000 milliards de dollars chaque année, près de trois fois le produit intérieur brut français[14] !

La planification hydrique doit s'appuyer sur le principe de précaution

Il faut restaurer le principe de précaution. Souvent décrié en France, parce que pouvant freiner l'innovation et la compétitivité, ce principe à valeur constitutionnelle a pour objectif de limiter et de prévenir les risques environnementaux de certaines activités. Mais les pouvoirs publics n'arrivent pas non plus à se saisir du principe de précaution quand il le faut.

Le principe de précaution doit être utilisé pour informer les parties prenantes[15]. Il ne s'agit pas de freiner l'activité économique ou l'innovation mais plutôt de mettre en place des mécanismes de prévention, d'anticipation et d'alerte. Ces mécanismes doivent s'appuyer sur des données fiables sur le niveau de recharge des nappes phréatiques, la qualité de l'eau, les éventuels risques d'accès à l'eau pour les usagers et d'autres variables, comme les rendements agricoles par exemple. Ces mesures préventives sont toujours plus souhaitables que des dispositions curatives.

Nous ne vivons plus dans un monde dans lequel les ressources naturelles sont infinies. Elles sont aujourd'hui largement dégradées, et c'est leur état qui doit nous amener à être plus précautionneux. Il faut voir la précaution comme un moyen de bien gouverner les ressources en eau et d'en assurer la surveillance.

Face à la pollution de l'eau potable par le chlorothalonil, dont les traces ont été récemment découvertes à vaste échelle dans un tiers de l'eau distribuée en France[16], plusieurs maires ont fait bonne application du principe de précaution. Le maire de La Rochelle, Jean-François Fountaine, a par exemple décidé d'utiliser d'autres sources d'eau, pour laisser le temps aux résidus de polluants de s'évacuer.

Pour d'autres polluants, sur la nocivité desquels nous avons plus d'informations, le principe de précaution doit permettre d'appliquer des décisions de bon sens. Par exemple, le plan Ecophyto démarré en 2008 par le gouvernement français prévoyait de réduire l'utilisation des pesticides de moitié d'ici à 2018, ce qui semblait être un objectif allant dans le bon sens. L'objectif a été repoussé en 2025, puis retransformé en un nouveau plan – sans objectif de réduction cette fois – à réaliser à l'horizon de 2030. En 2023, nous sommes au même niveau d'usage des pesticides qu'en 2009. Entre-temps, l'État a été condamné par le tribunal administratif de Paris pour un préjudice écologique à cause de l'usage des pesticides. Aucune contrainte ne ressort non plus du septième plan de lutte contre les nitrates d'origine agricole alors que les deux tiers des territoires français ont des eaux polluées[17]. Le principe de précaution devrait nous amener à protéger de façon étendue les captages d'eau.

La planification hydrique doit restaurer le principe pollueur-payeur

Parmi les mesures curatives, le principe du pollueur-payeur doit être réellement appliqué. Cet instrument traditionnel du droit de l'environnement, largement diffusé à travers le monde, est bien souvent détourné. L'impôt finit par être payé par la base taxable la moins mobile, généralement le contribuable plutôt que l'industrie. Les taxes environnementales ne représentent que 1,35 % du PIB de l'OCDE, et moins de 5 % de l'ensemble des recettes fiscales[18]. La conceptualisation des taxes environnementales pose toujours de nombreux défis : une taxation environnementale trop élevée entraînerait de l'évasion fiscale, des délocalisations ou une contestation forte comme on a pu le voir sur les taxes carbone[19].

Il convient néanmoins d'appliquer le principe du pollueur-payeur quand il se doit : il est inconcevable de ne pas taxer une activité que l'on sait polluante et de faire ensuite supporter le coût par la collectivité. Bien souvent, comme le rapporte la Cour des comptes européenne, les entreprises ne font tout simplement pas les investissements nécessaires leur permettant de protéger les sols, les nappes phréatiques et l'air, et n'en supportent pas les coûts par la suite. Ce sont finalement souvent les fonds de l'Union européenne qui sont utilisés pour réparer les dommages, et donc le contribuable qui paie la facture[20]. En France, un rapport concluant les travaux d'une commission d'enquête parlementaire estime qu'entre 1980 et 2019 4 300 captages d'eau ont été fermés pour pollution… Le coût estimé du traitement pour rendre l'eau potable du fait de la pollution aux nitrates et aux pesticides serait entre 500 millions et un milliard d'euros par an[21].

Le gouvernement n'a finalement pas augmenté la redevance pollution diffuse des agriculteurs mais on peut imaginer de changer le modèle du pollueur-payeur. Plutôt que de taxer les usagers, on peut envisager un mécanisme pour l'eau à l'instar de ce qui est appliqué pour les déchets : les industriels et les agriculteurs devraient contribuer à réduire l'impact négatif de leur activité sur l'eau et les milieux aquatiques ou payer une taxe à l'image de l'écocontribution[22]. Les recettes d'une telle taxe pourraient être captées par les agences de l'eau et permettraient de renforcer les tests sur la qualité de l'eau et la recherche sur l'impact des polluants.

En résumé, la planification hydrique doit répondre aux besoins présents sans empêcher les générations futures de répondre aux leurs. La planification hydrique implique donc de trouver un équilibre entre les aspects économiques, sociaux et environnementaux, tout en intégrant une dimension d'équité intergénérationnelle.

Planifier pour le long terme n'est jamais une chose aisée. Il est en effet toujours plus simple d'avantager la génération actuelle au détriment de la génération future. En plus, les effets du changement climatique sont cumulatifs et ils se feront donc plus ressentir dans le futur. Leur donner une valeur présente n'est pas un exercice aisé et amène souvent à désavantager les générations futures. Il faut se mettre dans la situation du voile d'ignorance de Rawls : sommes-nous prêts à prendre le risque de ne plus avoir d'eau potable ?

Chapitre 12

Donner une place centrale à l'eau dans la gouvernance internationale

Les États se sont essentiellement concentrés, à juste titre, sur la gestion de l'eau sur leur territoire et notamment sur la résolution des conflits d'usage qui pouvaient apparaître, l'eau étant limitée. Au niveau global, les efforts en termes d'harmonisation ont plutôt concerné le droit à l'eau, essentielle à la vie, symbolisé par la place qu'occupe l'accès à l'eau dans les objectifs du développement durable. Mais l'eau douce est aussi essentielle aux écosystèmes, au climat, et sa qualité pose également de nombreux enjeux.

Pour toutes ces raisons, il faut faire de l'eau un bien commun global, avec un système institutionnel adéquat, une évolution de son statut juridique au niveau international et une valorisation économique. Cela sera une première étape pour converger vers une responsabilité sociale globale de tous les acteurs, et ainsi utiliser plus intelligemment l'eau.

Promouvoir l'eau au rang de bien commun global

En marge de la conférence des Nations unies sur l'eau de mars 2023, la Commission globale sur l'économie de l'eau, qui réunit des chercheurs et des membres des gouvernements et d'organisations internationales, a proposé de considérer l'eau comme un « bien commun global ».

Les hydrologues suédois Malin Falkenmark et Johan Rockström ont développé les concepts d'eau bleue et d'eau verte[1]. L'eau bleue, celle qui transite rapidement dans les cours d'eau, les lacs et les nappes phréatiques, ne représente que 35 % de l'eau douce sur Terre. L'eau verte, présente dans la biomasse et les sols, représente les 65 % restants. Les interactions entre eau bleue et eau verte sont constantes. En effet, les précipitations sont par exemple en grande partie le fait de l'évapotranspiration des végétaux. De même, l'eau que l'on retrouve dans les aquifères vient en partie des arbres qui suintent de l'eau via leurs racines. Les plantes capturent en effet l'humidité de l'air et la font ruisseler de manière invisible jusque dans le sol. Plus on a de forêts, d'arbres et de végétaux, plus les cours d'eau sont dynamiques. Selon Johan Rockström, l'eau verte est en train de diminuer au niveau mondial[2].

L'eau verte n'appartient ni à un individu, ni à un pays. D'ailleurs, notent Rockström et ses coauteurs[3], pas un seul pays sur Terre n'a sa moitié de l'humidité qui vient de l'intérieur des frontières. 60 % des précipitations du Brésil sont liées à évapotranspiration de l'océan Atlantique. 64 % de l'humidité du Nigeria vient d'Afrique centrale. Les précipitations dépendent donc essentiellement de l'eau qui s'évapore ailleurs. Faut-il alors définir l'eau comme un bien commun *global*[4] ?

Un bien commun global est non excluable et rival, à l'image des biens communs traditionnels. Mais un bien commun global répond d'intérêts communs au niveau global. Un bien commun global soulève donc la difficulté de la coordination entre États.

La protection d'un bien commun global implique trois effets. Il faut réinventer le cadre légal de l'eau au niveau international, repenser l'économie de l'eau et créer un système institutionnel permettant de protéger ce bien. Ces trois éléments – juridique, économique et institutionnel – sont indispensables pour assurer la bonne protection de l'eau comme bien commun global.

Reconnaître juridiquement l'eau comme un bien commun global

Le cadre juridique international va devoir évoluer rapidement. En effet, moins on a d'eau, plus on veut se l'approprier. Bien que les nuages ne soient pas susceptibles d'appropriation en droit, ils capturent de l'eau autant qu'ils en distribuent[5]. Certains États pourraient être tentés d'intercepter l'eau atmosphérique contenue dans les nuages, au détriment d'autres États. Un tel détournement du cycle de l'eau pourrait amener des conflits récurrents dans le futur[6].

De même, des États vont tenir d'autres États pour responsables de la diminution de l'eau sur leur territoire. Par exemple, l'Argentine pourrait accuser le Brésil d'être responsable d'une prochaine vague de sécheresse, car son gouvernement n'aurait pas empêché la déforestation de l'Amazonie.

La conférence des parties à la convention sur la diversité biologique qui a eu lieu en décembre 2022 à Montréal a d'ailleurs débouché sur un accord mettant en avant la responsabilité et la redevabilité des États. Pour la juriste Laurence Boisson de Chazournes, les États vont devoir de plus en plus exercer une souveraineté conditionnée à ces deux principes. Chaque État devra donc s'assurer que les autres ne subissent pas des effets dommageables liés à la gestion de son cycle hydrologique national, et même international. Les États seront aussi redevables à l'ensemble de la communauté, et ne pourront pas s'abriter « derrière l'écran de leur souveraineté[7]. » Le droit international devrait donc de plus en plus intégrer la notion de redevabilité et de responsabilité élargie.

Financer et valoriser l'eau comme un bien commun global

Outre la question juridique, une véritable question économique se pose. Peut-on imaginer des mécanismes de financement ciblés vers les pays qui gèrent des écosystèmes comme l'Amazonie ? Faudrait-il des financements internationaux pour sauvegarder les océans ? De telles questions ne trouvent pour l'instant aucun consensus mais elles pourraient déboucher sur des outils de financement dédiés de la part des institutions financières internationales[8].

La question du financement pose évidemment celle de la valorisation économique de l'eau, qu'elle soit bleue ou verte. S'il est difficile d'établir un prix de marché pour l'eau bleue, c'est encore plus difficile pour l'eau verte, qui est disponible gratuitement et est encore moins visible. À l'image de ce que l'économiste Partha Dasgupta propose pour la biodiversité[9], il faudrait considérer l'eau comme un capital économique et investir dedans. L'intégration du capital en eau dans les comptes nationaux est par exemple nécessaire pour assurer la protection de ce bien commun.

À titre d'exemple, les eaux souterraines stockent 80 % des ressources en eau douce et constituent la principale source utilisée pour l'usage domestique de l'eau[10]. Ces eaux souterraines sont méconnues car invisibles, vulnérables car surutilisées et polluées, et risquent de s'assécher car nous n'avons qu'une connaissance limitée de leur quantité sur Terre[11]. Un investissement accru dans le recensement et la valorisation de telles ressources est indispensable. Leur donner une valorisation économique permettrait de mieux les protéger.

Créer un système institutionnel adéquat

Il faut enfin transformer nos institutions internationales pour impulser le changement. On en revient à la nécessité d'un traité global sur l'eau et d'un organe des Nations unies dédié à l'eau, évoqué dans le premier chapitre de ce livre. L'eau n'a pas de représentant international, ni de conférences des parties ou de groupes d'experts internationaux. De la même manière que le rapporteur spécial du conseil des droits de l'homme fait des missions partout dans le monde pour pointer du doigt les bonnes et les mauvaises pratiques, il faudra un émissaire de l'eau identifiant les bonnes pratiques au niveau local pour les appliquer au niveau global.

Des conférences des parties dédiées à l'eau, nourries par les évidences scientifiques produites par des experts internationaux, permettront de mieux connaître cette ressource si précieuse et son cycle. Seule une telle impulsion institutionnelle au niveau international permettra de mieux valoriser l'eau par l'ensemble des acteurs nationaux. Mieux comprendre la manière dont l'eau peut produire de la valeur, y compris dans la lutte contre le réchauffement climatique, par exemple en stockant le carbone ou en rafraîchissant l'air pendant les chaleurs, est un élément essentiel de sa protection. Si l'eau a une valeur, les risques humains et financiers liés à l'eau seront mieux pris en compte par l'ensemble des États.

Mettre en place de nouveaux financements

Ces conférences internationales seront aussi l'occasion de renforcer la coopération entre États et de renouveler les partenariats public-privé autour de l'eau. Des partenariats dédiés à l'eau, « just water partnerships[12] », pourraient être mis en place sur le même modèle que ceux dédiés à la transition énergétique, les « just energy transition partnerships ».

Dans la transition énergétique, ces partenariats visent à créer un fonds d'amorçage alimenté par une coalition de partenaires étrangers pour créer des infrastructures d'énergies renouvelables dans un pays donné. Ces fonds doivent permettre de catalyser une plus grande échelle d'investissements, venant des institutions internationales et du secteur privé.

Dans le secteur de l'eau, les partenariats pour l'eau seront utilisés pour développer les réseaux d'eau et d'assainissement partout dans les pays émergents, en les adaptant au changement climatique. Ces partenariats pourront renouveler l'approche partenariale entre États et entre secteurs public et privé pour faire face au grand défi de l'accès à l'eau.

Aller vers une responsabilité sociale globale

L'ensemble des acteurs – États, consommateurs et entreprises – vont engager une part de responsabilité plus grande dans les décisions prises. Les États peuvent inciter les entreprises et les consommateurs à utiliser des produits moins consommateurs d'eau. Les préférences des consommateurs ont des effets importants sur les décisions des entreprises. Les entreprises, par la place qu'elles occupent dans le tissu économique et social, participent à la formation des croyances du monde.

Les États peuvent bloquer ou promouvoir les échanges de certains produits en fonction de leur impact sur les ressources d'eau douce[13]. L'accord de l'Organisation mondiale du commerce (OMC) permet à un État de s'appuyer sur des réglementations techniques pour restreindre l'importation de certains produits. Certains États se sont appuyés sur les procédés et les méthodes de production des produits pour interdire des importations, en se fondant notamment sur des critères environnementaux[14]. Dans le futur, la surutilisation de l'eau rare pourrait devenir un critère. En effet, les échanges de biens sont aussi des transferts d'eau entre pays. La nécessité de mieux associer le commerce international et le respect de l'environnement pourrait aller dans le sens d'une évolution prenant mieux en compte les conditions de production des biens.

Les États pourraient aussi s'engager à réduire ou à supprimer les barrières tarifaires pour certains biens ou services qui permettent de protéger l'environnement. La déclaration des ministres de l'OMC à Doha, en 2001, a introduit des négociations sur les biens et services environnementaux[15], que l'on peut définir comme des biens ou services permettant de protéger l'environnement[16]. Il y a actuellement un blocage des négociations sur l'identification de ces biens et services. On peut néanmoins espérer que dans le futur un accord de libre-échange sera pris sur les biens et des services permettant de diffuser largement les meilleures techniques de traitement de l'eau potable et des eaux usées.

Les consommateurs doivent être informés sur leur consommation d'eau virtuelle, c'est-à-dire la quantité d'eau qui a été utilisée dans les produits qu'ils consomment. Les accords internationaux sur le commerce devront amener à repenser la manière dont on peut communiquer sur les procédés et les méthodes de production. Il faudrait par exemple indiquer l'« empreinte eau » sur l'étiquette d'un produit ou créer de nouveaux labels permettant d'identifier les produits utilisant le moins d'eau dans leur processus de production. L'éducation et une régulation qui donne accès à l'information auront un rôle important à jouer pour sensibiliser les consommateurs à l'empreinte eau des produits qu'ils consomment, et de ceux qu'ils achètent mais ne consomment pas. Mieux consommer, de façon plus responsable, et ne pas gâcher équivaut à voter pour une planète durable.

Les évolutions des goûts des consommateurs ont un effet sur les choix des entreprises à engager leur responsabilité vis-à-vis de la société. La responsabilité sociale des entreprises ne pose pas d'obligations juridiques, c'est un engagement unilatéral de leur part à respecter certaines conditions[17]. Les entreprises doivent s'engager à prévenir l'impact de leur activité sur la qualité et la quantité d'eau, mais aussi sur l'accès à l'eau. De même, elles doivent trouver les moyens de réduire leur consommation d'eau et limiter l'usage de substances toxiques. Un certain nombre de bonnes pratiques peuvent être identifiées et généralisées dans diverses industries.

Le cycle de l'eau est intimement lié au changement climatique : il faut donc lui donner un statut de bien commun global. Lui donner une maison au sein des Nations unies ne réglera pas tous les problèmes, mais permettra d'améliorer les connaissances scientifiques sur le cycle de l'eau, de faire remonter les bonnes pratiques et, aux gouvernements, de s'engager sur la voie de la sobriété hydrique. La responsabilisation sociale autour des questions relatives à l'eau doit être aussi globale et inclure tous les acteurs économiques pour supporter le changement.

Conclusion

L'eau est imprévisible, invisible, transparente, quasiment gratuite, renouvelable et largement inconnue. Elle est la fidèle alliée de notre civilisation mais peut en même temps mener à notre effondrement : que ferions-nous si c'était la fin de l'eau ?

L'être humain est face à une déception terrible. La technologie d'extraction et de traitement des eaux est maîtrisée depuis plus d'un siècle, mais l'accès à l'eau et à l'assainissement est loin d'être achevé, la qualité de l'eau se détériore à cause de l'activité anthropique, et la répartition des volumes d'eau évolue avec le changement climatique.

Comment faire face à ces différents enjeux ?

Déjà, comprendre l'eau : l'eau est à la fois un bien global, mais aussi une ressource locale ; elle est multiple et elle est politique.

Ensuite, agir car des solutions existent : gouverner en réseau, accroître la responsabilité sociale des acteurs, changer le business model de l'eau, exploiter ce que l'on sait et explorer de nouvelles solutions.

Enfin, changer notre manière d'aborder les problèmes relatifs à l'eau : partager la ressource en prenant en compte les générations futures et changer notre rapport au risque.

Comprendre l'eau : un prérequis à l'action

L'eau est un bien commun global

L'eau est un bien global. Elle transite dans les cours d'eau et remplit les lacs et les nappes phréatiques. Mais elle est aussi présente dans les sols et la biomasse. Les vapeurs d'eau que ces éléments transpirent ainsi que l'évaporation des mers et des océans viennent ensuite s'accumuler dans les nuages, qui libèrent leur contenu sous forme de précipitations. En majorité, sous ses différents formes, l'eau n'appartient à personne. Cependant, les États ont une responsabilité sur les multiples composantes du cycle hydrologique international : la déforestation, par exemple, affecte le cycle de l'eau.

L'eau concerne tout le monde mais nous la connaissons mal, n'avons pas de groupe d'experts international à l'image du GIEC ou de conférences des parties (COP) pour gérer ce bien commun si précieux. Les Nations unies n'ont pas d'organes ou de traité global sur l'eau permettant de la mettre de façon permanente sur l'agenda politique mondial.

Le résultat est que nous manquons cruellement d'évidence scientifique pour bien comprendre le cycle de l'eau, particulièrement en période de changement climatique. Il nous faut un savoir commun sur l'eau, son cycle, son évolution, son rapport au sol et à l'air.

L'eau est transfrontalière. Les plus longs fleuves du monde font des milliers de kilomètres et traversent de multiples frontières. Mais les accords sur les cours d'eau transfrontaliers n'incluent pas tous les États, et sont souvent inopérants. De même, alors que les aquifères sont majoritairement transfrontaliers, leur gouvernance fait sévèrement défaut. Des accords locaux sont à développer mais ils ont besoin d'une impulsion au niveau global.

L'eau est une ressource locale

Paradoxalement, l'eau, bien commun global, est d'abord une ressource locale. Elle n'est pas chère mais est lourde, et donc inexportable. C'est une industrie d'infrastructures, mais il n'est pas possible de créer un tuyau transportant de l'eau à l'autre bout du monde.

Les solutions les plus adaptées à la bonne gestion de l'eau sont à trouver localement. Singapour et la Californie peuvent inspirer un certain nombre de gouvernements par leurs mix hydriques, mais leur localisation, leur territoire et leurs aquifères ne sont pas les mêmes que ceux de la France ou du Canada par exemple.

Les enjeux économiques, sociaux et culturels diffèrent aussi d'un territoire à l'autre. Les usages – agricoles, domestiques, industriels – et les modes de consommation ne sont pas les mêmes selon les endroits et selon les saisons. Les défis sociaux varient en fonction de la localisation, par exemple que l'on se trouve dans une région dépourvue d'accès à l'eau ou non. Enfin, les croyances autour de l'eau et son importance culturelle varient à travers le monde. L'eau, c'est une histoire de lieux, comme le montre dans ses nombreux voyages le long des fleuves l'académicien Erik Orsenna[1].

L'eau est multiple

L'eau se trouve sous trois états – liquide, solide, gazeux. Elle passe d'une forme à l'autre. Pourtant, dans notre langage courant, l'eau n'est que liquide. L'eau liquide est potable ou non, salée ou douce.

Dans son état naturel, l'eau est une ressource, partagée par une communauté. Transformée en eau potable, elle devient un bien, dont les dimensions sociales et culturelles l'emportent sur la dimension économique. L'accès à l'eau permet l'hygiène, la santé et une vie dans la dignité[2].

L'eau potable porte en elle différents enjeux. Elle doit être disponible, c'est-à-dire que chaque être humain a le droit d'avoir accès à suffisamment d'eau pour ses usages personnels et domestiques, entre 50 et 100 litres par jour. L'eau doit être accessible, aussi bien économiquement que géographiquement. Un coût abordable représente moins de 3 % du revenu du ménage. Une distance acceptable du domicile à la source doit être inférieure à un kilomètre et le temps de collecte ne doit pas dépasser trente minutes. La qualité de l'eau, en lien avec la sécurité sanitaire, est indispensable au développement humain.

L'eau potable ne peut être séparée de son jumeau, l'assainissement, qu'on oublie souvent. Avoir accès à l'eau, c'est bien. Garantir en plus l'accès à l'assainissement, c'est mieux. Plus de la moitié de la population mondiale ne bénéficie pas de réseaux d'assainissement gérés de manière sûre… Autrement dit, on rejette les matières fécales et l'eau polluée directement dans la nature, sans les traiter. La bonne gestion de l'eau permet de protéger l'environnement.

L'eau est politique

L'eau ne peut être réduite à de la matière ou à de la tuyauterie, c'est un objet politique. L'eau est au cœur de la création d'institutions, de droits de propriété, de la signature d'accords internationaux, de conflits d'usage ou de tensions diplomatiques. L'eau est politique.

L'eau, par ses multiples facettes, dérange. Elle renvoie au partage, à la domination, mais aussi à la démocratie. Donner accès à l'eau à sa population, c'est lui donner du pouvoir et de la liberté.

L'eau est un enjeu de débat récurrent dans la société. Hier, les oppositions politiques concernaient les tenants de la gestion publique de l'eau et les défenseurs de la privatisation. Aujourd'hui, la contestation se fait contre les méga-usines, les méga-bassines et les tenants d'un modèle productiviste qui pollue toujours plus. Mais l'eau n'est pas que l'opposition de deux visions du monde, c'est aussi la recherche d'un cap. Et ce cap est souvent difficile à trouver, car l'eau pose des questions socio-économiques, culturelles, environnementales et sanitaires qui s'entremêlent.

Le terme de gouvernance – qu'elle soit globale ou régionale, économique ou environnementale – revient systématiquement lorsque l'on s'intéresse à l'eau.

Agir pour mieux gérer l'eau : une urgence vitale

Gouverner en réseau

Alors que l'état des sources d'eau se dégrade, sa gouvernance reflète un certain nombre de défaillances institutionnelles. La bonne gouvernance suppose de prendre en compte les écosystèmes : l'humain fait partie de la biodiversité, c'est un être vivant parmi les autres. L'eau doit être gérée de manière durable et être protégée car elle participe à l'adaptation au changement climatique.

L'accès à l'eau, c'est aussi le droit d'être informé sur la gestion de l'eau, son tarif et la qualité du service. Les citoyens ne veulent pas seulement recevoir de l'information, ils veulent participer aux discussions et à la conception des projets qui les concernent. La gestion de l'eau est un laboratoire où s'invente la démocratie[3].

Gouverner en réseau impose de mieux connecter la politique de l'eau à l'ensemble des politiques publiques, en particulier aux politiques agricole et industrielle, à l'aménagement du territoire et à l'urbanisme.

Accroître la responsabilité sociale

Consommateurs, entreprises et États doivent engager leur responsabilité sociale et se positionner en acteurs de la diminution du gaspillage. Informer les usagers sur leur consommation d'eau et sur leur empreinte eau peut être une manière d'impulser le changement : la mise en place de compteurs « intelligents » pour tous les usages, l'amélioration des labels « bio » pour qu'ils prennent mieux en compte la consommation d'eau dans la production, l'affichage de l'empreinte eau sur les différents produits (y compris les menus des restaurants), vont dans ce sens. À l'ère du digital et des données massives, un individu sait combien de pas il a marché, son temps de sommeil profond, le temps passé devant son écran, mais n'a aucune idée précise de sa consommation d'eau…

Renforcer l'éducation autour de l'eau est aussi important : on ne peut pas se sentir responsable de quelque chose que l'on ne connaît pas.

Les États peuvent utiliser les réglementations internationales en place pour bloquer le commerce de produits utilisant trop d'eau, afin de déshydrater notre économie, ou, à l'inverse, impulser la diffusion de technologies permettant d'accroître l'accès à l'eau. De même, les gouvernements doivent remplacer les subventions à des activités économiques polluant l'eau par des subventions à des activités permettant de la préserver.

Changer le business model de l'eau

Les services d'eau sont essentiellement rémunérés au volume vendu… plus l'usager surconsomme, plus les opérateurs gagnent de l'argent. Certains usagers bénéficient de tarifs dégressifs : plus ils consomment, plus le prix de l'eau diminue, les incitant à consommer plus. Le business model de l'eau va à l'encontre de la sobriété : il faut rémunérer la sobriété, pas encourager le gaspillage !

Pour cela, il faut détacher la rémunération des opérateurs des seuls volumes vendus. Les opérateurs peuvent être rémunérés sur d'autres critères, par exemple une diminution de la consommation de la population et une réduction des fuites d'eau sur leur réseau. Ainsi, un opérateur aurait plus intérêt à bien entretenir le réseau d'eau qu'à produire plus.

De même, plutôt que d'avoir des tarifs linéaires, il faudrait avoir des tarifs qui évoluent selon le niveau de consommation et selon l'état de la ressource. En période de sécheresse, les tarifs devraient augmenter de façon progressive pour pénaliser la surconsommation.

Le business model de l'eau a été construit en période d'abondance. Il faut le réinventer pour qu'il prenne mieux en compte l'adaptation au changement climatique.

Exploiter et explorer

Les technologies de production et de potabilisation de l'eau sont maîtrisées depuis plus d'un siècle. Pourtant, l'accès à l'eau, qui est un droit fondamental, peine à être généralisé. Il faut exploiter ce que l'on sait faire à plus grande échelle : raccorder les logements et potabiliser l'eau dans les pays pauvres, dessaler, réutiliser les eaux usées et collecter les eaux de pluie là où cela fait sens.

Il faut aussi explorer de nouvelles technologies, de nouvelles régulations et de nouvelles relations entre acteurs, à l'image des paiements pour services environnementaux. Par exemple, la régie des eaux de Paris rémunère les agriculteurs pour qu'ils protègent des zones de captage de l'eau et a lancé son propre régime d'aide agricole pour favoriser le développement de l'agriculture biologique, et ainsi encourage l'agriculture à être moins polluante.

Il faut continuer à améliorer la recherche et le développement. Peut-on espérer que des solutions soient trouvées pour mieux capturer l'eau du brouillard ou des vapeurs de l'océan[4] ? Peut-on développer des champignons qui détériorent les polluants éternels[5] ? Des recherches récentes vont dans ce sens. Explorer, c'est peut-être la chance de trouver de nouvelles sources basées sur la nature.

Changeons notre logiciel de pensée !

Partager l'eau, au présent et au futur

L'eau doit être partagée de façon équitable. Les usages de l'eau ne peuvent plus simplement s'additionner de façon individuelle, c'est la société dans son ensemble qui doit penser à une action collective, éthique et responsable[6]. Chacun doit désormais limiter sa consommation de façon équitable, pour que tous les efforts soient acceptés[7].

L'équité ne se fait pas seulement pour les usages présents, mais doit intégrer une perspective temporelle, liant le présent et le futur. Le problème est qu'une frange essentielle des consommateurs n'est pas représentée dans les décisions de partage : il s'agit des générations futures. On sous-estime largement la valeur d'usage de l'eau des générations futures. Les décisions économiques et politiques mettent en avant les coûts présents au détriment des gains futurs… et rien n'est fait. Pourtant, « Gouverner, c'est prévoir » dit l'adage.

Un certain nombre d'actions d'adaptation au changement climatique, de conservation et de prévention de la pollution de l'eau peuvent être menées dans les prochaines années pour éviter les pires impacts du manque d'eau sur nos sociétés. Repousser à plus tard les actions, ne pas en faire assez, va se traduire par des conséquences ingérables : à long terme, un épuisement possible de l'eau ; à court terme, des conflits.

Faire face au risque

La transition actuelle de l'abondance à la limitation doit nous inciter à changer de logiciel. Nous vivons dans une société du risque[8]. Les risques sanitaires, économiques, industriels ou environnementaux sont de plus en plus globalisés. Le sociologue allemand Ulrich Beck y voyait quelque chose de bénéfique : des États autrefois centrés sur eux-mêmes n'ont plus d'autres choix que de coopérer. La responsabilité collective est donc importante et les gouvernements ont un rôle à jouer.

Mais si les risques sont de plus en plus globaux, la tolérance au risque tend à diminuer, et les individus veulent aussi de plus en plus d'assurance. Il n'est plus question de débattre de la société dans laquelle nous voulons vivre. Nos préférences collectives sont claires : nous voulons vivre dans des sociétés équitables, solidaires, pacifiques et assurées. S'adapter dès aujourd'hui est la solution la plus simple d'éviter le risque à plus long terme de la fin de l'eau.

Faut-il croire en la fin de l'eau ? Une telle question philosophique n'est pas sans rappeler le pari de Blaise Pascal dans ses *Pensées*[9]. Nous avons tout intérêt à croire dans la fin de l'eau et à adapter nos comportements pour la préserver. Si le stress hydrique continue à augmenter et se généralise, croire à la fin de l'eau nous aura permis de sauver la planète et d'éviter un effondrement global, quand l'inaction nous aura menés à l'extinction. Si le stress hydrique n'évolue pas, nous aurons juste une planète plus verte. Nous avons donc tout intérêt à protéger l'eau comme si elle était fragile.

À la fin, l'eau gagne toujours, et l'être humain doit s'adapter. Nous n'avons aucun contrôle sur certaines variables naturelles, par exemple l'impact du changement climatique sur le cycle de l'eau. En revanche, nous devons utiliser les leviers politiques en notre possession, notre énergie et notre connaissance pour utiliser plus intelligemment l'eau et moins la polluer.

Le Joueur de Fiodor Dostoïevski se termine sur ces lignes : « Et que serais-je devenu si j'avais manqué de courage ?… Demain, demain, tout finira[10]… » Comme le Joueur, nous devons nous aussi tout tenter, jusqu'au dernier sou, pour éviter la fin de l'eau.

Bibliographie

Barraqué, B. et Roche P.-A. (éd.), *Peurs et plaisirs de l'eau.* Actes du colloque de Cerisy-la-Salle, Hermann, 2011.

Barone, S. et Mayaux P.-L., *Les Politiques de l'eau*, LGDJ, 2019.

Boccaletti, G., *Water: A biography*, Pantheon, 2021.

Boisson de Chazournes, L., *L'Eau en droit international : entre singularité et pluralité*, Fayard, 2023.

Conseil d'État, *L'eau et son droit*, Rapport public, 2010.

Cour des comptes, *La gestion quantitative de l'eau en période de changement climatique*, Rapport, 2023.

Defeuilley, C., *L'Entrepreneur et le Prince*, Presses de Sciences Po, 2017.

Dixson-Declève, S., Rockström, J., Ghosh, J., Gaffney, O., Randers, J., et Stoknes P. E., *Earth for all*, Actes Sud, 2023.

Galland, F., *Guerre et eau : l'eau, enjeu stratégique des conflits modernes*, Robert Laffont, 2021.

Huet, F., et Porcher, S., "Innovation and Regulatory Outcomes: Evidence from the Public-Private

Contracts for Water Supply in France", in *Handbook in Governance, Regulation and Innovation: Theory and Evidence on Firms and Countries*, (dir.) Mehmet Ugur, Edward-Elgar, p. 182-196, 2013.

Le Lannier, A., et Porcher, S., "Efficiency in the Public & Private French Water Utilities: Prospects for Benchmarking", *Applied Economics*, Vol. 46, No. 5, p. 556-572, 2014.

Le Strat, A., *Eau : l'état d'urgence*, Seuil, 2023.

Maziotis, A., Molinos-Senante, M., et Porcher S., "Impact of regulation on English and Welsh water-only companies: an input-distance function approach", *Environmental Science and Pollution Research*, Vol. 14 (9), p. 16994-17005, 2017.

Marin, P., *Public private partnerships for urban water utilities: A review of experiences in developing countries*, Rapport PPIAF, Banque mondiale, 2009.

Molinos-Senante, M., Porcher, S., et Maziotis, A., "Productivity change and its drivers for the Chilean water companies: A comparison of full private and concessionary companies", *Journal of Cleaner Production*, Vol. 183, p. 908-916, 2018.

Orsenna, E., *L'Avenir de l'eau*, Fayard, 2008.

Orsenna, E., *La Terre a soif*, Fayard, 2022.

Porcher, S., "Efficiency and Equity in Two-Part Tariffs: The Case of Residential Water Rates", *Applied Economics*, Vol. 46, No. 5, p. 539-555, 2014.

Porcher, S., "Neither Market nor Hierarchy: concurrent sourcing in French public services", *Journal of Public Administration Research & Theory*, Vol. 26, No. 4, p. 800-812, 2016.

Porcher, S., "The 'hidden costs' of water provision: New evidence from the relationship between contracting-out and price in French water public services", *Utilities Policy,* Vol. 48, p. 166-17, 2017.

Porcher, S., "In hot water? Issues at stake in the regulation of French water public services", in *Facing the challenges of water governance*, (dir.) Simon Porcher et Stéphane Saussier, Palgrave MacMillan, 2019.

Porcher, S., "Concurrent Sourcing in Local Public Services: Theory, Evidence and Avenues for Future Research", in *Handbook of Public Administation*, (dir.) Hildreth, B., Miller, G. and E. Lindquist, Routledge, chap. 7, 2021.

Porcher, S., "Les délégations de service public", in *Encyclopédie du management public*, (dir.) M. Benzerafa-Alilat, D. Lamarque et G. Orange, IGPDE, 2023.

Porcher, S., Maziotis, A., et Molinos-Senante, M., "The welfare costs of non-marginal water pricing: evidence from the water only companies in England & Wales", *Urban Water Journal*, 24(20), p. 947-953, 2017.

Porcher, S., et Mayol, A., « Tarifs discriminants et monopoles de l'eau potable. Une analyse empirique de la réaction des consommateurs face aux distorsions du signal prix », *Revue Économique*, 70(4), p. 461-494, 2019.

Porcher, S., et Saussier, S. (éd.), *Facing the challenges of water governance*, Palgrave McMillan, 2019.

Porcher, S. et Saussier, S., "Introduction: Public vs. Private Management in Water Public Services: Taking stock, looking ahead", in *Facing the Challenges of Water Governance,* (dir.) Simon Porcher et Stéphane Saussier, Palgrave Macmillan, p. 1-28, 2019.

Porcher, T., *Traité d'économie hérétique : pour en finir avec le discours dominant*, Fayard, 2018.

Rockström, J., Mazzucato, M., Andersen, L. S., Fahrländer, S. F., et Gerten D., "Why we need a new economics of water as a common good", *Nature*, 615(7954), p. 794-797, 2023.

Roy, T., *Monsoon economies*, MIT Press, 2022.

Notes

Introduction

1. Les termes de la directive-cadre européenne sur l'eau sont les suivants : « L'eau n'est pas un bien marchand comme les autres mais un patrimoine qu'il faut protéger, défendre et traiter comme tel » (Directive 2000/60/CE).

2. Selon le dernier baromètre « Les Français et l'eau » Kantar / Centre d'information sur l'eau, 77 % des Français pensent que l'eau potable existe à l'état naturel, ce qui est très rare. Selon le même sondage, 56 % pensent que les eaux usées sont retraitées en usine pour être directement transformées en eau potable, ce qui correspond à « boire l'eau des toilettes » et n'existe pas en France.

3. Un accès régulier à l'eau potable correspond à une eau potable « gérée en toute sécurité » au sens de l'Organisation mondiale de la santé. Plus précisément, cela correspond à une « source d'eau améliorée située sur le lieu d'usage, disponible à tout moment, et exempte de contamination fécale et de pollution par des substances chimiques d'intérêt prioritaire ». Voir l'entrée « Eau potable » du site de l'Organisation mondiale de la santé pour les définitions et les chiffres.

4. Entrée « Assainissement » du site de l'UNICEF.

5. Selon l'UNICEF, plus de 1 000 enfants de moins de cinq ans meurent chaque jour de maladies liées à l'eau, à l'assainissement et à l'hygiène. "Triple threat: How disease, climate risks, and unsafe water, sanitation and hygiene create a deadly combination for children", Rapport, mars 2023.

6. Nations Unies. Objectifs de développement durable n° 6 : Eau propre et assainissement. Faits et chiffres.

7. Connor, R. *et al.*, *La valeur de l'eau : rapport mondial sur la mise en valeur des ressources en eau*, Rapport de l'UNESCO, 2021.

8. Yao *et al.*, "Satellites reveal widespread decline in global lake water storage", *Science*, 380(6646), p. 743-749, 2023.

9. GIEC, *Le changement climatique et l'eau*, Document technique VI du GIEC, 2007.

10. Le stress hydrique survient lorsque l'eau douce prélevée représente plus de 25 % des ressources d'eau douce renouvelables totales. Valo, M., « "Une crise de l'eau sans précédent" affecte déjà près de quatre milliards de personnes ». *Le Monde*, 16 août 2023.

11. Le Borgne, B. et Prati. L., « Sécheresse : suivez en temps réel le niveau des nappes phréatiques et des cours d'eau en France », *France Info*, 1 juin 2023.

12. Galland, F., *Guerre et eau : l'eau, enjeu stratégique des conflits modernes*, Robert Laffont, 2021.

13. Genoux, F., « L'Uruguay, en pleine sécheresse, fait boire de l'eau salée à sa population », *Le Monde*, 16 août 2023.

14. BBergé, J., « Les sinistres liés à la sécheresse pourraient coûter 43 milliards d'euros en France sur la période 2020-2050 », *Le Monde*, 19 mars 2023.

15. GIEC, *Le changement climatique et l'eau*, Document technique VI du GIEC, 2007.

16. COP28, *Accord final*, 13 décembre 2023.

17. C'est le terme employé par Henk Ovink, envoyé spécial pour l'eau des Pays-Bas, co-organisateur de la conférence mondiale sur l'eau de l'Organisation des Nations unies en mars 2023.

18. EurEau, *Europe's water in figures: An overview of the European drinking water and waste water sectors*, Rapport, 2021.

Partie une : L'eau, un enjeu mondial

Chapitre 1

1. UNICEF, "Water and the global climate crisis: 10 things you should know", 2 mars 2023.

2. Michalak, A., "Study role of climate change in extreme threats to water quality", *Nature*, 535, p. 349–350, 2016.

3. TTrenberth, K.E., “Changes in precipitation with climate change”, *Climate Research*, 47, p. 123-138, 2011.

4. Dagorn, G., « Avant-après : les immenses inondations au Pakistan vues de l’espace », *Le Monde*, 7 septembre 2022.

5. OMS et UNICEF, *From insight to action: Examining mortality in Somalia*, Rapport, mars 2023.

6. Delacroix, G., « Les caprices d’une mousson de plus en plus aléatoire », *Le Monde*, 25 août 2023.

7. Clément, V., Rigaud, K. K., De Sherbinin, A., Jones, B., Adamo, S., Schewe, J., Shabahat, E. *et al.*, *Groundswell part 2: Acting on internal climate migration*, Banque mondiale, 2021.

8. Michalak, A., “Study role of climate change in extreme threats to water quality”, *Nature*, 535, p. 349–350, 2016.

9. GIEC, *Sixth assessment report – Fact sheet: Food and Water*, Rapport, octobre 2022.

10. *Ibid.*

11. Berbedj, L., « Australie : 3 milliards d’animaux touchés par les feux de forêts de 2019-2020 », *Les Échos*, 28 juillet 2020.

12. Tyukavina, A., Potapov, P., Hansen, M. C., Pickens, A. H., Stehman, S. V., Turubanova, S., Harris, N. *et al.*, “Global trends of forest loss due to fire from 2001 to 2019”, *Frontiers in Remote Sensing*, 3, 825190, 2022.

13. ONU, « Les zones humides : héroïnes méconnues de la planète », 2 février 2022.

14. Bourdieu, P., *Questions de sociologie*, Éditions de Minuit, 1984.

15. COP27, *Rapport de la COP27. Deuxième partie : mesures prises par la COP27*, Additif, novembre 2022.

16. COP28, *Accord final*, 13 décembre 2023.

17. Indicateurs des Objectifs de développement durable. Indicateur 6.3.2, « qualité de l’eau ».

18. Mason, N., “Climate finance flows for water, update”, Note de Water Aid, novembre 2022.

19. Stein, R., “Now, an implementation problem”, *Nature*, 266, p. 764, 1977.

20. Déclaration à l’Agence France Presse de Charles Iceland, directeur du centre de réflexion World Resources Institute. Le Monde / AFP. « Le chef des Nations unies appelle à un “changement de cap” dans la gestion mondiale de l’eau », *Le Monde*, 25 mars 2023.

21. Pour plus de détails sur ce sujet, voir le chapitre 12.

Chapitre 2

1. « Irriguer la Mésopotamie, quand l'eau rugit entre le Tigre et l'Euphrate », *Le Cours de l'Histoire*, France Culture, 13 mars 2023.

2. Charvat, P., Lafont B., Mynarova J. et Pecha. L., *L'État, le pouvoir, les prestations et leurs formes en Mésopotamie ancienne*, Actes du colloque assyriologique franco-tchèque, Paris, 7-8 novembre 2002.

3. « L'eau potable pour tous, une conquête récente », Le centre d'information sur l'eau.

4. Leveau, P., « Conduire l'eau et la contrôler : l'ingénierie des aqueducs romains », *Archéologie et histoire des technologies du monde romain*, p. 132-164, 2008.

5. « Aqueducs, cloaques, canaux, les bons tuyaux des Romains », *Le Cours de l'Histoire*, France Culture, 14 mars 2023.

6. « Les thermes et l'eau courante à Rome », Dossier « Passerelles », Bibliothèque nationale de France.

7. Samama, L.-D., « Une histoire de l'eau de l'Antiquité à nos jours », *in* « Pourquoi faut-il sauver l'eau ? », *T La Revue*, 10, 2022.

8. « Aqueducs, cloaques, canaux, les bons tuyaux des Romains », *Le Cours de l'Histoire*, France Culture, 14 mars 2023.

9. *Ibid.* ; Fontenel, A.-L., « Les Romains et l'eau : une longue histoire », *Odysseum*, 22 février 2023.

10. Malissard, A., *Les Romains et l'eau : fontaines, salles de bains, thermes, égouts, aqueducs...*, iUniverse, 1999.

11. Leguay, J. P., *L'Eau dans la ville au Moyen Âge*, Presses universitaires de Rennes, 2022.

12. Defeuilley, C., *L'Entrepreneur et le Prince*, Presses de Sciences Po, 2017.

13. Barraqué, B., « Les trois génies de l'eau urbaine », in *Peurs et plaisirs de l'eau*, Actes du colloque de Cerisy-la-Salle (éd. Barraqué, B. et Roche P.-A.), Hermann, p. 327-349, 2011.

14. Defeuilley, C., *L'Entrepreneur et le Prince*, Presses de Sciences Po, 2017

15. Barraqué, B., « Les trois génies de l'eau urbaine », in *Peurs et plaisirs de l'eau*, Actes du colloque de Cerisy-la-Salle (éd. Barraqué, B. et Roche P.-A.), Hermann, p. 327-349, 2011.

16. *Ibid.*

17. « L'histoire de l'eau à Paris », Eau de Paris.

18. Barraqué, B., « Pour une histoire des services d'eau et d'assainissement en Europe et en Amérique du Nord », *Flux*, (3), p. 4-15, 2014.

19. *bid.* ; Barraqué, B., « Les trois génies de l'eau urbaine », in *Peurs et plaisirs de l'eau*, Actes du colloque de Cerisy-la-Salle (éd. Barraqué, B. et Roche P.-A.), Hermann, pp. 327-349, 2011.

20. Barraqué, B., « Les trois génies de l'eau urbaine », in *Peurs et plaisirs de l'eau*, Actes du colloque de Cerisy-la-Salle (éd. Barraqué, B. et Roche P.-A.), Hermann, p. 327-349, 2011.

21. Defeuilley, C., *L'Entrepreneur et le Prince*, Presses de Sciences Po, 2017.

22. Boccaletti, G., *Water: A biography*, Pantheon, 2021.

23. Cutler, D., et Miller. G., "The role of public health improvements in health advances: the twentieth-century United States", *Demography*, 42(1), p. 1-22, 2005.

24. Galiani, S., Gertler, P., et Schargrodsky E., "Water for Life: The Impact of the Privatization of Water Services on Child Mortality". *Journal of Political Economy*, 113(1), p. 83–120, 2005.

25. Troeger, C., Blacker, B. F., Khalil, I. A., Rao, P. C., Cao, S., Zimsen, S. R. et Reiner R.C., "Estimates of the global, regional, and national morbidity, mortality, and aetiologies of diarrhoea in 195 countries: a systematic analysis for the Global Burden of Disease Study 2016", *The Lancet Infectious Diseases*, 18(11), p. 1211-1228, 2018.

26. *Our World in Data*, "Death rate from unsafe water sources", 2019. Source des données : IHME, Global Burden of Disease Study, 2019.

27. Laimé, M., « L'eau, de la raréfaction à la pénurie », *in* L'Atlas Environnement, *Le Monde Diplomatique*, p. 54-55, 2007.

28. Damania, R., Desbureaux, S., Rodella, A. S., Russ, J., et Zaveri, E., *Quality unknown: the invisible water crisis*, World Bank Publications, 2019.

29. GIEC, *Climate change 2022: Impacts, Adaptation, Vulnerability*, chap. 4, 2022.

30. L'ensemble des données de ce paragraphe vient de Ritchie, H., Spooner, F. et Roser M., « Clean water and sanitation », *Our World in Data*, 2021.

31. Résolution 64/292 de l'Assemblée générale des Nations unies.

32. Boccaletti, G., *Water: A biography*. Pantheon, 2021.

33. *Ibid.*

34. Sorenson, S. B., Morssink, C., et Campos P.A., "Safe access to safe water in low income countries: water fetching in current times", *Social science & medicine*, 72(9), p. 1522-1526, 2011.

35. Ashraf, N., Glaeser, E., Holland, A., et Steinberg B.M., "Water, health and wealth: The impact of piped water outages on disease prevalence

and financial transactions in Zambia", *Economica*, 88(351), p. 755-781, 2021.

36. Lechapelays, M., « Au Sénégal, quand faire venir l'eau au village ramène les fillettes à l'école », *Le Monde*, 27 décembre 2019.

37. Nations unies, UN-Water decade programme on advocacy and communication, 2015.

38. Jenkins, M., *The impact of corruption on access to safe water and sanitation for people living in poverty*, Rapport de Transparency international, juillet 2017.

39. Banque mondiale, *Informal water markets in an urbanizing world: some unanswered questions*, Rapport, 2019.

40. Mueller, J.T. et Gasteyer S., "The widespread and unjust drinking water and clean water crisis in the United States", *Nat Commun* 12, 3544, 2021.

41. Fedinick, K.P., Taylor, S. et Roberts M., *Watered down justice*, Rapport commun, 2019.

42. Meehan, K., Jurjevich, J. R., Chun, N. M., et Sherrill J., "Geographies of insecure water access and the housing–water nexus in US cities", *Proceedings of the National Academy of Sciences*, 117(46), p. 28700-28707, 2020.

43. Food et Water Watch, *America's secret water crisis*, Rapport, 2018.

44. Lakhani, N. et Adolphe J., "Key findings: the Guardian's water poverty investigation in 12 US Cities", *The Guardian*, 26 juin 2020.

45. Green E., "Flint's children suffer in class after years of drinking the lead-poisoned water", *The New York Times*, 6 novembre 2019.

46. Martins, R., Quintal, C., Teotónio, C., et Antunes, M., "Water affordability across and within European countries: a microdata analysis", *Utilities Policy*, 83, 101609, 2023.

47. Reynaud, A., *Social policies and private sector participation in water supply - the case of France*, Rapport, United Nations Research Institute for Social Development, 2007; Porcher, S., "Efficiency and equity in two-part tariffs: the case of residential water rates", *Applied Economics*, 46(5), p. 539-555, 2014.

48. Martins, R., Quintal, C., Teotónio, C., et Antunes, M., "Water affordability across and within European countries: a microdata analysis", *Utilities Policy*, 83, 101609, 2023.

49. Foucart, S., Mandard, S. et F. Traullé. « Pesticides : de l'eau potable non conforme pour 20 % des Français ». *Le Monde,* 21 septembre 2022.

50. Hirschman, A. O., *Exit, Voice and Loyalty: Responses to Decline in Firms, Organizations, and States*, Harvard University Press, Cambridge, Massachusetts, 1970.

51. Le stress hydrique fait ici référence à une disponibilité en eau inférieure à 1 700 mètres cubes par an et par habitant.

52. Lakhani, N., "Revealed: millions of Americans can't afford water as bills rise 80 % in a decade", *The Guardian*, 23 juin 2020.

53. Lakhani, N. et Adolphe J., "Key findings: the Guardian's water poverty investigation in 12 US Cities", *The Guardian*, 26 juin 2020.

54. Koncagül, E., Tran, M., Connor, R., et Uhlenbrook S., *Rapport mondial des Nations Unies sur la mise en valeur des ressources en eau 2019: ne laisser personne pour compte, faits et chiffres*, Rapport, 2019.

55. GIEC, *Le changement climatique et l'eau*, Document technique VI du GIEC, 2007.

56. Barraqué, B., « Les trois génies de l'eau urbaine », in *Peurs et plaisirs de l'eau*, Actes du colloque de Cerisy-la-Salle (éd. Barraqué, B. et Roche P.-A.), Hermann, p. 327-349, 2011.

57. Wutich, A., Beresford, M., et Carvajal C., "Can informal water vendors deliver on the promise of a human right to water? Results from Cochabamba, Bolivia", *World Development*, 79, p. 14-24, 2016.

58. Rawls, J., *A theory of justice: Revised edition*, Harvard University Press, 2020.

Chapitre 3

1. « Le droit de l'eau », *Esprit de justice*, France culture, 21 juin 2023.

2. Le chapitre 4 discute des caractéristiques de l'eau comme un bien commun, dont une des caractéristiques est justement la rivalité entre les usagers.

3. Ce chapitre ne traite pas de l'eau dans le droit de la guerre, largement régi par la convention de Genève de 1949. Une des questions abordées par les juristes est notamment la destruction des infrastructures hydrauliques dans les conflits, la prise de contrôle des barrages pour inonder des territoires et habitations ou encore l'empoisonnement de l'eau. Le lecteur intéressé par ces questions peut consulter les deux livres suivants : Galland, F., *Guerre et eau : l'eau, enjeu stratégique des conflits modernes*, Robert Laffont, 2021 et Boisson de Chazournes, L., *L'Eau en droit international : entre singularité et pluralité*, Fayard, 2023.

4. Kofi Annan, Communiqué de presse du 1er mars 2002 en vue du sommet de Johannesburg.

5. Loures, F., Rieu-Clarke, A. et Vercambre M.-L. « Tout ce que vous devez savoir sur la Convention des Nations unies sur les cours d'eau internationaux », WWF, 2009.

6. Boccaletti, G., "The water wars myth", *Open Mind*, 9 juin 2022.

7. Clemens, J., « Le Traité des eaux de l'Indus entre l'Inde et le Pakistan », *Agriculture et développement rural*, 1(2005), p. 60-63, 2005.

8. BBC, « Partition Inde et Pakistan : pourquoi ont-ils été divisés il y a 75 ans ? », 15 août 2022.

9. Boccaletti, G., "The water wars myth", *Open Mind*, 9 juin 2022.

10. Le lecteur intéressé par ce chapitre peut aussi se référer à l'entrée dédiée au Nil dans Orsenna, E., *La Terre a soif*, Fayard, 2022.

11. Ayeb, H., « Qui captera les eaux du Nil ? Deux siècles de conflits », *Le Monde diplomatique*, juillet 2013.

12. Gascon, A., « Combats sur le Nil : la guerre de l'eau ? », *Bulletin de l'association de géographes français. Géographies*, 92(92-2), p. 154-166, 2015.

13. Dropsy, E., « En Égypte, les ressources en eau s'amenuisent », *France Inter*, 17 novembre 2022.

14. UNESCO, *Progrès de la coopération dans le domaine des eaux transfrontalières : situation mondiale de l'indicateur 6.5.2 des ODD et besoins d'accélération*, Rapport, 2021.

15. CEE-ONU, *La Convention sur l'eau : répondre aux défis mondiaux de l'eau*, Rapport des Nations unies, 2018.

16. Loures, F., Rieu-Clarke, A. et Vercambre M.-L., « Tout ce que vous devez savoir sur la Convention des Nations unies sur les cours d'eau internationaux », WWF, 2009.

17. Les articles 5 et 6 du Protocole additionnel concernant les ressources d'eau partagées entre la République d'Argentine et la République du Chili du 2 août 1991 mentionnent le terme de « plans généraux d'utilisation ».

18. *Ibid.*

19. United Nations Treaty collection. État au 19 décembre 2023.

20. Nations Unies. *Progrès de la coopération dans le domaine des eaux transfrontières*. Rapport, 2021.

21. UNESCO. *Rapport mondial des Nations Unies sur la mise en valeur des ressources en eau 2022 : Eaux souterraines : rendre visible l'invisible.* Rapport, 2022.

22. Carluer N., Babut M., Belliard J., Bernez I., Leblanc B., Burger-Leenhardt D., Dorioz J.M., Douez O., Dufour S., Grimaldi S.,

Habets F., Le Bissonnais Y., Molénat J., Rollet A.J., Rosset V., Sauvage S. et Usseglio-Polatera P., *Impact cumulé des retenues d'eau sur le milieu aquatique*, Expertise scientifique collective (Irstea), Agence française pour la biodiversité, Collection Comprendre pour agir, 2017.

23. Terasmaa, J., Bartout, P., Marzecova, A., Touchart, L., Vandel, E., Koff, T., Domany, M. *et al.*, "A quantitative assessment of the contribution of small standing water bodies to the European waterscapes–case of Estonia and France", *Heliyon*, 5(9), 2019.

24. BRGM, *Simulation du projet 2021 de réserves de substitution de la coopérative de l'eau des Deux-Sèvres*, Rapport final, 2022.

25. *Ibid.*

26. Le Strat, A., *Eau : l'état d'urgence*, Seuil, 2023.

27. Wagre, A., "Caste's role in shaping water access is missing from Indian environmental discourse", *The Wire*, 14 août 2023.

28. Bros, C. et Couttenier M., "Untouchability, homicides and water access", *Journal of comparative economics*, 43(3), p. 549-558, 2015.

29. Roy, T. *Monsoon economies*. MIT Press. 2022.

30. Ambedkar, B. R., *Annihilation of caste: The annotated critical edition*, Verso Books, 2014.

31. Roy, T., *"Annihilation of Caste" and the struggle for water inequality*. MIT Press, The Reader, 2022.

32. *Ibid.*

33. *Ibid.*

34. Caramel, L., « Changement climatique et pression démographique, terreau de la violence de Sahel », *Le Monde*, 11 avril 2019.

35. Grosjean, P., « Le réchauffement climatique est le moteur principal de l'aggravation des conflits en Afrique de l'Ouest », *Le Monde*, 1 mars 2023.

36. McGuirk, E. F. et Nunn N., « Transhumant pastoralism, climate change, and conflict in Africa », *National Bureau of Economic Research*, 2020.

37. Caramel, L., « Changement climatique et pression démographique, terreau de la violence de Sahel », *Le Monde*, 11 avril 2019.

38. RPCA, Relevé de conclusions, réunion restreinte, Bruxelles, 2019.

39. Marin, P., *Public private partnerships for urban water utilities: A review of experiences in developing countries*, Rapport PPIAF Banque mondiale, 2009.

40. *Ibid.*

41. *Ibid.*

42. Le lecteur intéressé par le cas argentin peut consulter le chapitre qui lui est dédié dans Orsenna, E., *L'avenir de l'eau : petit précis de mondialisation II*, Fayard, 2008.

43. Marin, P., *Public private partnerships for urban water utilities: A review of experiences in developing countries*, Rapport PPIAF Banque mondiale, 2009.

44. L'inflation diminue la valeur réelle d'une dette. Par exemple, un doublement des prix équivaut à une division par deux la valeur réelle de la dette.

45. Legrand, C., « Suez en Argentine : l'échec d'une privatisation », *Le Monde*, 13 septembre 2006.

46. La Tribune, « Suez Environnement fait condamner l'Argentine », 10 avril 2015.

47. Orsenna, E., *L'avenir de l'eau : petit précis de mondialisation II*, Fayard, 2008.

48. Sandel, M. J., *What money can't buy: the moral limits of markets*, Macmillan, 2012.

49. Urbaser S.A. and Consorcio de Aguas Bilbao Bizkaia, Bilbao Biskaia Ur Partzuergoa c/ Argentine, CIRDI, n° ARB/07/26, sentence du 8 décembre 2016.

50. Le lecteur intéressé par le cas de Cochabamba peut aussi consulter la section qui lui est dédiée dans Orsenna, E., *L'avenir de l'eau : petit précis de mondialisation II*, Fayard, 2008.

51. Marin, P., *Public private partnerships for urban water utilities: A review of experiences in developing countries*, Rapport PPIAF Banque mondiale, 2009.

52. Bonnet, N., « L'augmentation des tarifs de l'eau à Cochabamba provoque une grave crise sociale en Bolivie », *Le Monde*, 16 avril 2000.

53. *Ibid.*

54. Razavi, N.S., *Water Governance in Bolivia. Cochabamba since the Water War*, London, Routledge, 2022.

55. Marston, A. J., "Autonomy in a post-neoliberal era: Community water governance in Cochabamba, Bolivia", *Geoforum*, 64, p. 246-256, 2015.

Partie deux : Comment en est-on arrivé là ?

Chapitre 4

1. Hardin, G., "The tragedy of the commons: the population problem has no technical solution; it requires a fundamental extension in morality", *Science*, 162(3859), 1243-1248, 1968.

2. Il n'y a pas de différence entre « bien commun » et « ressource commune » d'un point de vue économique. On parle de l'air, de la mer, de la plage ou de l'eau douce comme étant des biens communs ou des ressources communes, sans faire la différence entre les deux termes. Les juristes font la différence entre la chose commune, qui n'appartient à personne mais dont l'usage appartient à tous, et le bien commun. Dans l'esprit des juristes, le bien commun regroupe tantôt des choses communes, tantôt des biens privés ouverts plus largement qu'à leurs seuls propriétaires. Le bien commun est donc tantôt in-appropriable, tantôt approprié mais ouvert à plus de monde.

3. Olson Jr, M., *The Logic of Collective Action: Public Goods and the Theory of Groups*, Harvard University Press, 1965.

4. Alchian, A. A. et Demsetz H., "Production, Information Costs, and Economic Organization", *The American Economic Review*, 62(5), p. 777–795, 1972.

5. Ostrom, E., Stern, P.C. et Dietz T., "Water rights in the commons", *Water Resources Impact*, 5(2), p. 9-12, 2003.

6. *Ibid.*

7. La distinction entre ressource commune et bien public existait déjà en droit romain. Pour les Romains, l'eau en mouvement, comme un fleuve ou une rivière, est exclue d'un régime de propriété. Les Romains distinguent la propriété commune (*res communis*), que l'on peut traduire par l'absence d'appropriation, de la propriété publique (*res publica*). Lucarelli, A., « La nature juridique de l'eau entre bien public et bien commun », *Annuaire des collectivités locales*, 30, p. 87-98, 2010.

8. Le concept de polycentrisme est développé par son mari Vincent Ostrom avec notamment Charles Tiebout.

9. Ostrom, E., "Beyond markets and states: polycentric governance of complex economic systems", *American economic review*, 100(3), p. 641-672, 2010; Ostrom, E., Stern, P.C. et T. Dietz, "Water rights in the commons", *Water Resources Impact*, 5(2), p. 9-12, 2003 ; Ruf, T. « Le façonnage des institutions d'irrigation au XXe siècle, selon les principes d'Elinor Ostrom, est-il encore pertinent en 2010 ? », *Natures Sciences Sociétés*, 2011.

10. Tirole, J. *Économie du bien commun*. PUF, 2016.

11. Aux Etats-Unis par exemple, certaines organisations non gouvernementales rachètent des droits d'eau à des agriculteurs pour préserver la ressource.

12. Lefebvre, M., *Mécanismes d'allocation de l'eau d'irrigation et gestion du risque sécheresse en agriculture*, thèse de doctorat, Montpellier 1, 2011 ; Barthélemy, N. et Verdier L., « Les marchés de quotas dans la gestion de l'eau : les exemples de l'Australie et de la Californie », Note du Commissariat général au développement durable, novembre 2008.

13. Boccaletti, G., "Using water markets and impact investment to drive sustainability", *The Nature Conservancy*, Rapport, 23 août 2016.

14. Lefebvre, M., *Mécanismes d'allocation de l'eau d'irrigation et gestion du risque sécheresse en agriculture*, thèse de doctorat, Montpellier 1, 2011 ; Barthélemy, N. et Verdier L., « Les marchés de quotas dans la gestion de l'eau : les exemples de l'Australie et de la Californie », Note du Commissariat général au développement durable, novembre 2008.

15. Boccaletti, G., "Driving sustainable water management with market-based solutions", *The Huffington Post*, 24 août 2016.

16. Strosser, P. et Montginoul, M., « Vers des marchés de l'eau en France ? Quelques éléments de réflexion », *Annales des Mines, Responsabilité et Environnement*, Vol. 23, p. 13-31, 2001.

17. Cour des comptes, *La gestion quantitative de l'eau en période de changement climatique*. Rapport, 2023.

18. *Ibid.*

19. Observation générale du comité des Nations unies sur les droits économiques, sociaux et culturels adoptée le 26 novembre 2002.

20. Barraqué, B., « De l'appropriation à l'usage : l'eau patrimoine commun », in *Genèse du droit de l'environnement*, L'Harmattan, 2001.

21. Barone, S. et Mayaux P.-L., *Les politiques de l'eau*, LGDJ, 2019.

22. Déclaration de Dublin et rapport de la conférence, Conférence internationale sur l'eau et l'environnement, Dublin, Irlande, 26-31 janvier 1992.

23. Un bassin correspond à une zone géographique recevant les eaux de pluie circulant naturellement vers un cours d'eau et ses affluents, ainsi que vers les nappes du sous-sol de la zone. Les comités de bassin orientent l'activité des agences de l'eau, qui sont dotées d'un budget propre. Les comités de bassin veillent à la cohérence de leur schéma directeur avec les documents stratégiques des régions. Pour plus d'information, voir Barone S. et Mayaux P.-L., *Les politiques de l'eau*, LGDJ, 2019.

24. Kafka, F. *Le château*. Editions Rhéartis, 2018.

25. Cour des comptes, *La gestion quantitative de l'eau en période de changement climatique*, Rapport, 2023.

26. Molle, F., « La GIRE : anatomie d'un concept », in *La gestion intégrée des ressources en eau en Afrique subsaharienne* (dir.) F. Julien, Presses de l'Université de Québec, 2012.

27. Cour des comptes, *Les agences de l'eau et la politique de l'eau : une cohérence à retrouver*, Rapport public annuel, t. 1, 2015, p. 97.

28. *Ibid.*

29. Merrey, D. J., Lévite, H., et Koppen B.V., "Are good intentions leading to good outcomes? Continuities in social, economic and hydro-political trajectories in the Olifants River basin, South Africa", in *River basin trajectories: Societies, environments and development*, p. 47-74, Wallingford UK: CABI, 2009.

30. *Le Guépard* de Luchino Visconti (1963) est une adaptation du roman de Giuseppe Tomasi di Lampedusa.

31. Le Strat, A. *Eau : l'état d'urgence*. Le Seuil, 2023.

32. Cour des comptes, *La gestion quantitative de l'eau en période de changement climatique*. Rapport, 2023.

33. « La giga-usine de Tesla en Allemagne a besoin de "beaucoup trop d'eau", fronde des habitants ». *Capital*, 19 avril 2021.

34. Cour des comptes européenne, *La PAC et l'utilisation durable de l'eau dans l'agriculture : des fonds davantage susceptibles d'encourager à consommer plus qu'à consommer mieux*, Rapport spécial, 2021.

35. Cour des comptes, *La gestion quantitative de l'eau en période de changement climatique*, Rapport, 2023.

36. Direction département des territoires, Service environnement, Aisne, Annexe 10, Calcul de volume d'eau pour l'irrigation.

37. Conseil d'État, *L'eau et son droit*, Rapport, 2010.

38. Barone S. et Mayaux P.-L., *Les politiques de l'eau*, LGDJ, 2019.

39. Ce sont les termes employés par Jean Tirole lors de son intervention portant sur l'*« Eau, bien commun » à la séance solennelle de rentrée des cinq académies, le 24 octobre 2023.*

Chapitre 5

1. Chauvot, M., « Peu de Français connaissent le prix de l'eau », *Les Échos*, 22 mars 2017.

2. INSEE, La consommation d'eau potable illustrée par la situation dans 133 communes franciliennes : 100 litres en moyenne par jour et par habitant, *Insee Analyses Île-de-France*, n° 175, 2023.

3. La division de la facture globale se fait soit en fonction des tantièmes, c'est-à-dire de la surface du logement dans la copropriété, soit en fonction de la consommation propre si le logement a un compteur divisionnaire. Dans ce dernier cas, le ménage ne reçoit pas une facture individualisée mais paie directement dans les charges collectives à proportion de sa consommation d'eau.

4. Porcher, S., "Efficiency and equity in two-part tariffs: the case of residential water rates", *Applied Economics*, 46(5), pp. 539-555, 2014 ; Porcher, S., Water taxes and consumer behavior in France, *SSRN 3086778*, 2017.

5. Cet argument peut être faux pour des gros consommateurs industriels qui seront touchés par une augmentation des redevances, mais qui pourraient préférer utiliser un forage privé plutôt qu'une connexion au réseau d'eau public en cas de hausse du tarif de l'eau.

6. Pour une discussion de l'effet du signal prix sur la consommation énergie, voir Porcher, T., *Traité d'économie hérétique : pour en finir avec le discours dominant*, Fayard, 2018.

7. Interview de Maria Salvetti par Charnay, A., « Eau : faut-il faire payer plus cher les gros consommateurs ? », *Capital*, 24 juin 2023.

8. L'agriculture représente 57 % de la consommation totale en France. L'eau consommée ne représente qu'une partie de l'eau prélevée. Certaines conventions sont utilisées pour calculer la consommation d'eau. Par exemple, on considère que l'eau destinée aux besoins humains est intégralement restituée au milieu. En revanche, l'eau destinée à l'irrigation est intégralement consommée car l'eau prélevée est absorbée par les plantes.

9. Voir le chapitre 4.

10. Les agriculteurs ont bénéficié historiquement de nombreux abattements et d'une redevance forfaitaire fixée selon un barème préfectoral. Conseil d'Etat. *L'eau et son droit*, Rapport annuel, 2010.

11. Ce chiffre vient de l'Office français de la biodiversité et est cité dans l'avis du Conseil économique, social et environnemental « Eau potable : des enjeux qui dépassent la tarification progressive » (2023).

12. Plan d'action pour une gestion résiliente et concertée de l'eau présenté le 30 mars 2023 par le gouvernement.

13. Cour des comptes. *La gestion quantitative de l'eau en période de changement climatique*. Rapport, 2023. ; Conseil économique, social et environnemental. *Eau potable : des enjeux qui dépassent la tarification progressive*. Avis, 2023.

14. Mayol, A. et Porcher, S., « Tarifs discriminants et monopoles de l'eau potable : une analyse de la réaction des consommateurs face aux distorsions du signal-prix », *Revue économique*, p. 461-494, 2019.

15. Ces solutions sont discutées en chapitre 10.

16. Loi de 2006 et loi « Brottes » de 2015.

17. Observation générale 15, 2002, articles 11 et 12 du Pacte international relatif aux droits économiques, sociaux et culturels.

18. Dans le chapitre 10, je détaille des possibles réformes tarifaires et je discute en détails les conditions de la bonne application de ces réformes.

19. C'est d'autant plus problématique que les recettes des opérateurs sont essentiellement liées au volume de consommation, alors même que les coûts fixes représentent l'essentiel de leurs charges.

20. Par exemple, le gouvernement français, dans son plan eau de mars 2023, instaure pour objectif de réduire de 10 % les prélèvements d'eau d'ici à 2030. Cet objectif va de pair avec l'idée d'une diminution de la consommation d'eau.

21. Il s'agit de la somme des précipitations qui vont dans les cours d'eau et les nappes souterraines, sans retourner dans l'atmosphère par évapotranspiration, et de l'eau douce amenée par les cours d'eau des territoires limitrophes.

22. Legros, C., « 150 000 euros pour rénover 1 km : le coût abyssal de l'indispensable rénovation des canalisations d'eau potable », *Capital*, 24 août 2022 ; Nedey, F., « Réseaux d'eau et d'assainissement : un patrimoine toujours sacrifié », *La gazette des communes*, 26 octobre 2022 ; UFC que choisir, « Stop aux fuites d'eau potable dans nos départements », publié le 27 septembre 2023.

23. Données SOeS-IFEN. Voir Huet, F. et Porcher, S., "Innovation and regulatory outcomes: evidence from the public-private contracts for water supply in France", in *Governance, Regulation, and Innovation* (dir.) M. Ugur. Edgar-Elgar, 2013.

24. Pour les services d'eau potable, l'indicateur utilisé est le rendement des réseaux d'eau potable, qui est dans sa formulation la plus simple le ratio entre le volume d'eau consommé par les usagers et le volume d'eau potable introduit dans le réseau de distribution. Un rendement de 85 % dans un réseau urbain est considéré comme convenable, ce qui correspond à 15 % de fuites d'eau.

25. Assemblée Nationale, *La gestion de l'eau pour les activités économiques*, Rapport d'information 155 déposé par la Commission des affaires économiques, novembre 2022.

26. *Ibid.*

27. Conseil d'État, *L'eau et son droit*, Rapport annuel, 2010.

28. ONU-Eau, *Rapport mondial des Nations Unies sur la mise en valeur des ressources en eau*, Rapport, 2017.

29. Cour des comptes européenne, *Principe du pollueur-payeur : une application incohérente dans les différentes politiques et actions environnementales de l'UE*, Rapport spécial, 2021.

30. Cour des comptes, *La gestion quantitative de l'eau en période de changement climatique*, Rapport, 2023.

31. Cour des comptes, *La gestion des services d'eau et d'assainissement*, Rapport, 2003 ; Cour des comptes, *Les agences de l'eau et la politique de l'eau : une cohérence à retrouver*, Rapport public annuel, t. 1, 2015 ; Cour des comptes, *La gestion quantitative de l'eau en période de changement climatique*, Rapport, 2023 ; Conseil d'État, *L'eau et son droit*, Rapport annuel, 2010.

32. La loi sur l'eau et les milieux aquatiques de 2006.

33. Feitz, A., « Vers une hausse de la facture d'eau des industriels et des agriculteurs », *Les Échos*, 4 octobre 2023.

34. Arrojo Agudo, P., *Risques et impacts de la marchandisation et de la financiarisation de l'eau sur les droits humains à l'eau potable et à l'assainissement*, Rapport présenté à la 76e Assemblée Générale des Nations unies, 2021.

35. Ces solutions sont discutées aux chapitres 10 et 11.

Chapitre 6

1. Laffont, J. J., et Tirole J., *A theory of incentives in procurement and regulation*, MIT press, 1993.

2. Des solutions détaillées sur la tarification sont proposées au chapitre 10.

3. Demsetz, H., "Why regulate utilities?", *Journal of Law and Economics*, 11, p. 55-66, 1968.

4. Baumol, W. J., Panzar, J. C. et Willig R.D., *Contestable Markets and the Theory of Industry Structure*, Harcourt Barce Jovanovich, NY, USA, 1988.

5. Porcher, S., « Délégations de service public », in *Encyclopédie du management public* (dir.) Benzerafa-Alilat, M., Lamarque, D. et G. Orange, IGPDE, p. 234-236, 2022.

6. Williamson, O. E, *Markets and Hierarchies, Analysis and Antitrust Implications: A Study in the Economics of Internal Organization*, Free Press, New York, 1975.

7. Guasch, J. L., Laffont, J. J., et Straub S., "Renegotiation of concession contracts in Latin America: Evidence from the water and transport sectors", *International Journal of Industrial Organization*, 26(2),

p. 421-442, 2008 ; Guasch, J. L., Benitez, D., Portables, I., et Flor L., “The renegotiation of PPP contracts: An overview of its recent evolution in Latin America”, *International Transport Forum Discussion Paper*, 2014.

8. Chong, E., Saussier, S., et Silverman, B., “Water Under the Bridge: Determinants of Franchise Renewal in Water Provision”, *Journal of Law, Economics and Organization*, 31(1), p. 3-39, 2015.

9. Le Lannier, A., *Renégociations et difficultés d'exécution de la concurrence par comparaison : Une application au secteur de l'eau en Angleterre et au Pays de Galles*, thèse de doctorat. Paris 1, 2010 ; Le Lannier, A. et Porcher S. “Efficiency in the public and private French water utilities: prospects for benchmarking”, *Applied Economics*, 46(5), 556-572, 2014.

10. Bevan, G., Evans, A., et Nuti S., “Reputations count: why benchmarking performance is improving health care across the world”, *Health Economics, Policy and Law*, 14(2), p. 141-161, 2019.

11. Stigler, G. J., “The Theory of Economic Regulation”, *The Bell Journal of Economics and Management Science*, 2(1), p. 3-21, 1971.

12. Ce manque de fiabilité a été noté par la Cour des comptes dans son rapport de juillet 2023 : Cour des comptes, *La gestion quantitative de l'eau en période de changement climatique*, Rapport, 2023.

Chapitre 7

1. Kishimoto, S., Lobina, E., et Petitjean, O., *Our Public Water Future: The Global Experience with Remunicipalization*, TNI Book Ed., 2015.

2. Defeuilley, C., *L'Entrepreneur et le Prince. La création du service public de l'eau*, Les Presses de Sciences Po, 2017.

3. *Ibid.*

4. Voir le chapitre 2 pour un historique de la construction des réseaux d'eau.

5. Pezon, C., « Organisation et gestion des services d'eau potable en France hier et aujourd'hui », *Revue d'économie industrielle*, 3(127), p. 131-154, 2009.

6. Defeuilley, C., *L'Entrepreneur et le Prince. La création du service public de l'eau*, Les Presses de Sciences Po, 2017.

7. *Ibid.*

8. Pezon, C. et Canneva G., « Petites communes et opérateurs privés : généalogie du modèle français de gestion des services d'eau potable », *Espaces et sociétés*, 4(139), p. 21-38, 2009.

9. Bernard Barraqué ajoute que les caisses d'épargne françaises étaient gérées par les départements qui ne prêtaient pas aux communes pour des équipements collectifs et que la gestion en « bon père de famille » des conseils municipaux ne les poussait pas à faire des investissements sur le long terme. Barraqué, B., « Les politiques de l'eau en Europe », *Revue française de sciences politiques*, 45(3), p. 420-453, 1995.

10. ezon, C., « La dérégulation discrète de la distribution d'eau potable en France et l'émergence d'un nouvel acteur collectif, les abonnés », *Flux*, 2-3(48-49), p. 62-72, 2002.

11. *Ibid.*

12. Pezon, C., « Organisation et gestion des services d'eau potable en France hier et aujourd'hui », *Revue d'économie industrielle*, 3(127), p. 131-154, 2009.

13. *Ibid.*

14. Cour des comptes, *La gestion des services publics d'eau et d'assainissement.* Rapport, 1997 ; Pezon, C., « La dérégulation discrète de la distribution d'eau potable en France et l'émergence d'un nouvel acteur collectif, les abonnés », *Flux*, 2-3(48-49), p. 62-72, 2002.

15. Cour des comptes, *La gestion des services publics d'eau et d'assainissement*, Rapport, 2003.

16. P.M., « Saint-Étienne : relance de la polémique sur le prix de l'eau », *Les Échos*, 3 octobre 1996.

17. Décision 02-D-4 du 11 juillet 2002 du Conseil de la concurrence.

18. Chauveau, J., « Les deux géants de l'eau décroisent leurs filiales », *Les Échos*, 23 mars 2010.

19. Porcher, S., « Délégations de service public » in *Encyclopédie du management public*, (dir.) Benzerafa M., Lamarque D. et G. Orange, IGPDE, 2023.

20. Kishimoto, S., Lobina, E., et Petitjean, O., *Our Public Water Future: The Global Experience with Remunicipalization*, TNI Book Ed, 2015.

21. Chabrost, M., Porcher, S., et Saussier S., "Still Water Runs Deep: Remunicipalizations and Privatizations, or When Local Governments Disrupt the Status Quo", *Working Paper*, 2018; Chong, E., Saussier, S., et Silverman B., "Water Under the Bridge: Determinants of Franchise Renewal in Water Provision", *Journal of Law, Economics and Organization*, 31(1), p. 3-39, 2015.

22. Molga, P., « Gestion de l'eau : Marseille renonce à passer en régie », *Les Échos*, 11 juillet 2011.

23. Porcher, S., "Do Markets Reduce Prices?", *EPPP Chair Working paper, 2012.*

24. Il faut noter que les régies des collectivités publiques sont exonérées de l'impôt sur les sociétés et d'un certain nombre de cotisations, notamment la cotisation foncière des entreprises et la cotisation sur la valeur ajoutée des entreprises.

25. Chong, E., Saussier, S., et Silverman B., "Water Under the Bridge: Determinants of Franchise Renewal in Water Provision", *Journal of Law, Economics and Organization*, 31(1), p. 3-39, 2015.

26. Porcher, S., "Efficiency and equity in two-part tariffs: the case of residential water rates", *Applied Economics*, 46(5), p. 539-555, 2014.

27. Porcher, S., "The 'hidden costs' of water provision: New evidence from the relationship between contracting-out and price in French water public services", *Utilities Policy*, 48, p. 166-175, 2017.

28. Porcher, S., "In hot water? Issues at stake in the regulation of French water public services", in *Facing the Challenges of Water Governance* (éd. Porcher, S. et S. Saussier), 2018.

29. Allais, M., « Le problème de la planification économique dans une économie collectiviste », *Kyklos*, II, p. 48-71, 1947.

Chapitre 8

1. Porcher, S. et Saussier S., *Facing the challenges of water governance*, Palgrave McMillan, 2019.

2. Marin, P., *Public private partnerships for urban water utilities: A review of experiences in developing countries*, Rapport PPIAF, Banque mondiale, 2009.

3. Dietrich, J., « Politiques de l'eau et lutte contre la pauvreté à Jakarta, un rendez-vous manqué » *Géoconfluences*, 2020.

4. Marin, P., *Public private partnerships for urban water utilities: A review of experiences in developing countries*, Rapport PPIAF, Banque mondiale, 2009.

5. *Ibid.*

6. *Ibid.*

7. *Ibid.*

8. Pour des résultats synthétiques des différentes études, voir le chapitre introductif de Porcher, S. et Saussier S., *Facing the challenges of water governance*, Palgrave McMillan, 2019.

9. Marin, P., *Public private partnerships for urban water utilities: A review of experiences in developing countries*, Rapport PPIAF, Banque mondiale, 2009.

10. Porcher, S. et Saussier S., *Facing the challenges of water governance*, Palgrave McMillan, 2019.

11. Marin, P., *Public private partnerships for urban water utilities: A review of experiences in developing countries*, Rapport PPIAF, Banque mondiale, 2009.

12. Friedman, M. et Friedman R.D., *Free to choose*, Free to Choose Enterprise, 1990.

13. Dans une réponse à l'opposition lors d'une séance de questions à la Première ministre au Parlement ble 28 novembre 1989, Margaret Thatcher a déclaré : « Even socialist France knows that privatised water is a better deal than nationalised water », que l'on peut traduire comme : « même la France socialiste sait que l'eau privatisée est une meilleure proposition que l'eau nationalisée. »

14. Le slogan établit un jeu de mot entre la formule physique de l'eau, H_2O, et la propriété. On pourrait le traduire grossièrement en : « vous pourriez être un prEAUpriétaire. »

15. Portes, J., "I worked on the privatization of England's water in 1989 It was an organized rip-off", *The Guardian*, 16 août 2022.

16. *Ibid.*

17. Albert, E., « Au Royaume-Uni, la privatisation de l'eau sous le feu des critiques », *Le Monde*, 3 mars 2018.

18. La méthode utilisée par l'Ofwat, la concurrence par comparaison, est détaillée au chapitre 6.

19. Question du membre du parlement libéral démocrate Tim Farron à la secrétaire d'État à l'environnement, posée le 23 mai 2023 ; Singh, A., "'Revolving door' of staff moving between water firms and regulators sparks calls for sewage corruption probe", *i*, 26 juin 2023.

20. Molinos-Senante, M., Porcher, S., et Maziotis A., « Productivity change and its drivers for the Chilean water companies: A comparison of full private and concessionary companies», *Journal of Cleaner Production*, Vol. 183, p. 908-916, 2018.

21. Barraqué, B., « Les politiques de l'eau en Europe », *Revue française de sciences politiques*, 45(3), p. 420-453, 1995.

22. *Ibid.*

23. Il existe peu de données sur le prix de l'eau en Allemagne.

24. Vivendi, l'ancêtre de Veolia, avait ainsi acheté 74,9 % des actions du Stadtwerke de la ville de Görlitz dans la Saxe en 2001. De même,

Vivendi avait pris une part minoritaire dans la société de distribution municipale de Berlin en 1999.

25. Pour une discussion détaillée, voir le chapitre 6.

26. Acemoglu, D. et Robinson J.A., *Why Nations Fail: The Origins of Power, Prosperity and Poverty*, Crown Business, New York, NY, 2012.

27. Le Grand, J., *Motivation, Agency and Public Policy: Of Knights and Knaves, Pawns and Queens*, Oxford University Press, 2003

28. Hirschman, A. O., *Shifting Involvements: Private Interests and Public Action*, Princeton University Press, Princeton, NJ, 1982.

Chapitre 9

1. Ritchie, H., Spooner, F., et Roser M., "Clean water", Our world in data, 2019. Données tirées du programme conjoint de l'OMS et de l'UNICEF sur l'eau et l'assainissement.

2. Hutton, G. et Haller L., *Evaluation of the costs and benefits of water and sanitation improvements at the global level*, Rapport de l'Organisation mondiale de la Santé, 2004.

3. Devoto, F., Duflo, E., Dupas, P., Parienté, W., et Pons V., "Happiness on tap: Piped water adoption in urban Morocco", *American Economic Journal: Economic Policy*, 4(4), p. 68-99, 2012.

4. Coville, A., Galiani, S., Gertler, P., et Yoshida S., "Financing municipal water and sanitation services in nairobi's informal settlements", *National Bureau of Economic Research*, 2020.

5. Devoto, F., Duflo, E., Dupas, P., Parienté, W., et Pons V., "Happiness on tap: Piped water adoption in urban Morocco", *American Economic Journal: Economic Policy*, 4(4), pp. 68-99, 2012.

6. *Ibid.*

7. Ashraf, N., Glaeser, E., Holland, A., et Steinberg B.M., "Water, health and wealth: The impact of piped water outages on disease prevalence and financial transactions in Zambia", *Economica*, 88(351), p. 755-781, 2021.

8. Le chapitre 10 aborde plus en détails les problématiques relatives à la tarification progressive et à la tarification sociale, en particulier dans le cas français.

9. Coster, H., "Peer pressure can be a lifesaver", *The New York Times*, 14 mai 2014.

10. Ahuja, A., "Dispensers for safe water: an updated review of evidence", *Evidence Action Insights*, 9 mai 2017.

11. Clasen T.F., Alexander K.T., Sinclair D., Boisson S., Peletz R., Chang H.H., Majorin F. et Cairncross S., "Interventions to improve water quality for preventing diarrhea", *Cochrane Database of Systematic Reviews*, 2015.

12. Kremer, M., Miguel, E., Mullainathan, S., Null, C. et Zwane A.P., "Social engineering: Evidence from a suite of take-up experiments in Kenya", Document de travail, 2011.

13. Pour un résumé sur différents secteurs, voir la note d'Abdul Latif Jameel, Poverty Action Lab, "The price is wrong", avril 2011.

14. Une exception est trouvée par Ashraf, Berry et Shapiro (2010) en Zambie. Les ménages qui reçoivent le chlore gratuitement renouvellent moins leur achat quelques semaines après. Mais l'explication peut être liée au fait qu'ils ont profité du chlore gratuit pour désinfecter un maximum d'eau et ainsi faire des réserves d'eau potable. Voir Ashraf, N., J. Berry, et Shapiro J.M., "Can Higher Prices Stimulate Product Use? Evidence from a Field Experiment in Zambia", *American Economic Review*, 100(5): p. 2383-2413, 2010.

15. *Ibid.*

16. Kremer, M., Miguel, E., Mullainathan, S., Null, C., et Zwane A.P., "Social engineering: Evidence from a suite of take-up experiments in Kenya", Document de travail, 2011.

17. Joseph Henrich utilise le terme « weird », qui signifie « étrange », comme un acronyme pour faire référence aux occidentaux, riches diplômés, vivant dans des pays industrialisés et démocratiques, en anglais les « Westerners-Educated-Industrialized-Rich-Democratic » (WEIRD). Henrich, J., *The WEIRDest people in the world: How the West became psychologically peculiar and particularly prosperous*, Penguin UK, 2020.

18. Fewtrell, L., et J.M. Colford Jr., "Water, Sanitation and Hygiene: Interventions and Diarrhea", *HNP Discussion Paper*, 2004.

19. Duflo, E., et Banerjee A., *Poor economics*, New York, NY, USA, PublicAffairs, 2019.

20. Une étude de l'Organisation mondiale de la Santé estime que dans les pays en développement, un dollar investi dans l'eau et l'assainissement permet de dégager 5 à 28 dollars de gains pour la société, en raison d'une espérance de vie accrue, du temps gagné en ayant directement accès à l'eau et à ne pas être malade, notamment.

Partie trois : Quelles solutions mettre en œuvre ?

Chapitre 10

1. Pour une discussion du manque de lisibilité de la consommation et de la facture d'eau, voir le chapitre 5.

2. Conseil d'État, *L'eau et son droit*, Rapport public, 2010 ; CESE, *Eau potable : des enjeux qui dépassent la tarification progressive*, Avis, 2023.

3. Wakim, N., « Linky : la Cour des comptes dénonce le coût du programme », *Le Monde*, 7 février 2018.

4. Dans les immeubles collectifs, le paiement de l'eau étant compris dans les charges, les impayés sont actuellement supportés par la copropriété ou l'office public de l'habitat qui gère actuellement ce risque.

5. Barraqué, B., « Cinq paradoxes dans la politique de l'eau », *Environnement et société*, 25, p. 79-85, 2001.

6. Poquet, B. et Maresca G., « Faut-il généraliser les compteurs individuels dans la distribution de l'eau ? », *Cahier de recherche NC212*, 2005 ; Barraqué, B., « Sociologie du compteur d'eau », in *La ville durable, du politique au scientifique* (dir.) N. Mathieu et Guermond Y., Indisciplines, 2011 ; Barraqué, B., « Le compteur d'eau : enjeux passés et actuels », *Sciences Eaux et Territoires*, 10, p. 98-105, 2013 ; Mayol, A., et Porcher S., « Tarifs discriminants et monopoles de l'eau potable: une analyse de la réaction des consommateurs face aux distorsions du signal-prix », *Revue économique*, 461-494, 2019.

7. Barraqué, B. « Cinq paradoxes dans la politique de l'eau ». *Environnement et société*, 25, p. 79-85, 2001.

8. Barraqué, B. et Nahrath, S. (éd.), *Usages et régulations des eaux urbaines*, Erès, 2009.

9. Conseil d'État, *L'eau et son droit*, Rapport public, 2010.

10. *Ibid.*

11. Porcher, S., "Efficiency and equity in two-part tariffs: the case of residential water rates", *Applied Economics*, 46(5), p. 539-555, 2014.

12. *Ibid.*

13. Barraqué, B., « Le prix de l'eau à Los Angeles », non publié, 2011.

14. Loi du 30 décembre 2006 sur l'eau et les milieux aquatiques, dite LEMA.

15. C40 Cities, *The Future we don't want*, Rapport, 2018.

16. Mayol, A. et Porcher S., « Sécheresse : "Il faut activer des leviers efficaces pour agir à la fois sur l'offre et la demande d'eau potable" », *Le Monde*, 6 septembre 2022.

17. Une telle expérimentation a été menée en Californie sur l'électricité. Ito, K., "Asymmetric incentives in subsidies: Evidence from a large-scale electricity rebate program", *American Economic Journal : Economic Policy*, 7(3), 2015, 209-237.

18. Cour des comptes, *La gestion quantitative de l'eau en période de changement climatique*, Synthèse du rapport public thématique de la Cour des comptes, 2023, p. 19.

19. Les Eaux de Vienne offre par exemple un tarif de l'eau potable préférentiel aux agriculteurs pratiquant une agriculture durable.

20. Chabé-Ferret, S., Le Coent, P., Reynaud, A., Subervie, J., et Lepercq, D., "Can we nudge farmers into saving water? Evidence from a randomised experiment", *European Review of Agricultural Economics*, 46(3), p. 393-416, 2019.

21. Centre d'études stratégiques de la marine, « Les usines de dessalement : nouveaux enjeux géopolitiques », *Brèves marines 235*, ministère de la Défense, juin 2020.

22. Ouest France, « L'eau potable de Marseille désaltère Barcelone », 28 décembre 2008.

23. Connaissance des énergies, « Le dessalement des eaux, quand l'utiliser et à quel prix ? », 30 juin 2023.

24. Gouvernement de Californie, *California's water supply strategy: Adapting to a hotter, drier future*, Plan, 2022.

25. Laffon, J., « Collecter le brouillard, une solution pour lutter contre les pénuries d'eau ? », *Le Monde*, 6 août 2023.

26. Liemberger, R., et Wyatt A., "Quantifying the global non-revenue water problem", *Water Supply*, 19(3), 831-837, 2019.

27. Porcher, S., "The 'hidden costs' of water provision: New evidence from the relationship between contracting-out and price in French water public services", *Utilities Policy*, Vol. 48, p. 166-17, 2017.

28. Barraults, J., Couderc, L., Le Floch, J., Masson, P., Salvetti, M. et Saussier S., « Quel(s) modèle(s) de financement des économies d'eau pour les services publics d'eau et d'assainissement ? », *Policy paper Chaire EPPP 8*, 2023.

29. International water association et Partenariat français pour l'eau, *Réduire les émissions de gaz à effet de serre des services d'eau et d'assainissement*, Rapport, 2022.

30. Salvetti, M., "A green deal for water and sanitation utilities to rejuvenate the service delivery and financing model", *FSR Research Project Report*, mars 2023.

31. Hallegatte, S., Rentschler, J., et Rozenberg J., *Lifelines: Pour des infrastructures plus résilientes*, Sustainable Infrastructure, Washington, DC, World Bank, 2019.

32. Kingdom, B., Sy, J., et Soppe G., *The Use of Performance-Based Contracts for Nonrevenue Water Reduction*, Rapport, Banque mondiale, 2018.

Chapitre 11

1. Rentschler, J. *et al.*, "Global evidence of rapid urban growth in flood zones since 1985", *Nature* 622.7981 p. 87-92, 2023.

2. IPCC, *Climate change and water*, IPCC Technical paper VI, 2007.

3. Voir les "Just Water Partnerships" évoqués au chapitre 12.

4. Porcher, S., "Neither Market nor Hierarchy: concurrent sourcing in French public services", *Journal of Public Administration Research & Theory*, Vol. 26, No. 4, p. 800-812, 2016.

5. Dans des communes touristiques, l'extension du réseau pourrait reposer sur des taxes sur les touristes par exemple.

6. Poore, J., et Nemecek, T., "Reducing food's environmental impacts through producers and consumers", *Science*, 360 (6392), p. 987-992, 2018.

7. Dixson-Declève, S., Rockström, J., Ghosh, J., Gaffney, O., Randers, J., et Stoknes P.E., *Earth for all*, Actes Sud, 2023.

8. *Ibid.*

9. *Ibid.*

10. NRAE, « Irriguer différemment », Changement climatique et risques, *Dossier Revue*, 3 juin 2022.

11. Boisson de Chazournes, L., « Le droit international au fil de l'eau : Eau, environnement et changements climatiques », leçon au Collège de France, 3 février 2023.

12. Juffe-Bignoli, D., Burgess, N. D., Bingham, H., Belle, E. M. S., De Lima, M. G., Deguignet, M. et Kingston N., *Protected Planet Report 2018*, International Union for the Conservation of Nature (IUCN), 2018.

13. Waldron, A., Adams, V., Allan, J., Arnell, A., Asner, G., Atkinson, S. et Zhang Y., "Protecting 30 % of the planet for nature: costs, benefits and economic implications", Document de travail, 2020.

14. Andres, L. A., M. Thibert, C. L. Cordoba, A. V. Danilenko, G. Joseph et Borja-Vega C., *Doing More with Less: Smarter Subsidies for Water Supply and Sanitation*, Rapport de la Banque mondiale, 2019 ; Coady, D., I. Parry, N.-P. Le, et Shang B., « Global Fossil Fuel Subsidies Remain Large. An Update Based on Country-Level Estimates », IMF Working

Paper 19/89, 2019; Dasgupta, P., *The economics of biodiversity: the Dasgupta review*, Hm Treasury, 2021.

15. Boisson de Chazournes, L., « Le droit international au fil de l'eau : Eau, environnement et changements climatiques », leçon au Collège de France, 3 février 2023.

16. Foucart, S., « L'eau potable en France contaminée à vaste échelle par les métabolites du chlorothalonil, un pesticide interdit depuis 2019 », *Le Monde*, 5 avril 2023.

17. Valo, M., « Pollution de l'eau : un plan de lutte contre les nitrates sans ambition », *Le Monde*, 5 décembre 2021.

18. OCDE, *Environmental taxation*, Statistiques, 2020

19. Porcher, S., « Qui sont les gilets jaunes ? Une étude sur les dix plus grandes villes françaises », *Policy paper de la chaire EPPP*, 2019 ; Porcher, T., *Les délaissés*, Fayard, 2020.

20. Cour des comptes européenne, *Principe du pollueur-payeur : une application incohérente dans les différentes politiques et actions environnementales de l'Union européenne*, Rapport, 2021.

21. Le Monde / AFP, « Pesticides : une commission d'enquête déplore "l'impuissance publique" à réduire leur usage », *Le Monde*, 14 décembre 2023.

22. Chauvot, M., « Faire payer les pollueurs d'eau, le projet suit son cours », *Les Échos*, 3 octobre 2019.

Chapitre 12

1. Falkenmark, M., "Meeting water requirements of an expanding world population", *Philosophical Transactions of the Royal Society of London. Series B: Biological Sciences, 352*(1356), p. 929-936, 1997 ; Rockström, J. et Falkenmark M., "Semiarid crop production from a hydrological perspective: gap between potential and actual yields", *Critical reviews in plant sciences*, 19(4), p. 319-346, 2000.

2. Wang-Erlandsson, L., Tobian, A., van der Ent, R. J., Fetzer, I., et Wierik, S., Porkka, M. et Rockström J., "A planetary boundary for green water", *Nature Reviews Earth et Environment*, 3(6), 380-392, 2022.

3. Rockström, J., Mazzucato, M., Andersen, L. S., Fahrländer, S. F. et Gerten D., "Why we need a new economics of water as a common good", *Nature*, 615(7954), p. 794-797, 2023.

4. L'économiste Charles Kindleberger est le premier à parler de biens publics mondiaux, comme étant des « biens accessibles à tous les États qui n'ont pas nécessairement un intérêt individuel à les produire ». *Kindleberger,*

C., "International public goods without international government", American Economic Review, 76(1), 1986.

5. Quilleré-Majzoub, F., « À qui appartiennent les nuages ? Essai de définition d'un statut des nuages en droit international public », *Annuaire français de droit international*, 50(1), pp. 653-667, 2004 ; Boisson de Chazournes, L., *L'eau en droit international : entre singularité et pluralité*, Fayard, 2023.

6. Le seul instrument légal relatif aux manipulations de l'environnement est la convention sur l'interdiction d'utiliser des techniques de modification de l'environnement à des fins militaires (convention ENMOD) adoptée le 10 décembre 1976 par l'Assemblée générale des Nations unies.

7. Boisson de Chazournes, L., « Le droit international au fil de l'eau », cours au Collège de France, janvier-mars 2023.

8. Par exemple, Dasgupta (2021) propose de faire payer un loyer pour l'utilisation des océans par le trafic maritime ou la pêche en mer et un système de paiement aux nations qui abritent des écosystèmes dont nous dépendons tous. On peut aussi imaginer des droits de tirages spéciaux à destination de ces pays conditionnés à leur investissement dans ces biens communs. Dasgupta, P., *The economics of biodiversity: the Dasgupta review*, HM Treasury, 2021.

9. Dasgupta, P., *The economics of biodiversity: the Dasgupta review*, HM Treasury, 2021.

10. Connor, R. et Miletto M., *Eaux souterraines, rendre visible l'invisible*, Rapport mondial des Nations unies sur la mise en valeur des ressources en eau, 2022.

11. Le Conseil d'État dans son rapport sur le droit de l'eau note que « ni la France ni l'Union européenne d'ailleurs ne disposent en effet d'une estimation fiable de leurs ressources en eau : comme le relève le Parlement européen dans une résolution du 9 octobre 2008 : "Il n'existe aucune évaluation globale, à la fois techniquement et scientifiquement fiable, de la situation qui prévaut dans l'Union quant aux quantités d'eau existantes [...]. Les données disponibles au plan régional et concernant les variations saisonnières sont très limitées" », Conseil d'État, *L'eau et son droit*, Rapport public, 2010, p. 120.

12. Global Commission on the Economics of Water, "World will fail on climate and development if it fails on water, says global group of experts", Communiqué de presse, 17 mars 2023.

13. Boisson de Chazournes, L., « Eau, environnement et changements climatiques », cours au Collège de France, 3 février 2023.

14. OMC, « Règles de l'OMC et politiques environnementales : les principales disciplines du GATT », voir le différend États-Unis-Crevettes qui offre un exemple intéressant d'une discrimination entre produits justifiables sur la base des conditions de production, en l'occurrence le fait que la manière de pêcher les crevettes puisse tuer accidentellement les tortues marinières.

15. OMC, « Élimination des obstacles au commerce pour les biens et services environnementaux ».

16. Boisson de Chazournes, L., « Eau, environnement et changements climatiques », cours au Collège de France, 3 février 2023.

17. *Ibid.*

Conclusion

1. Orsenna, E., *La Terre a soif*, Fayard, 2022.

2. Nations unies, Pacte international relatifs aux droits économiques, sociaux et culturels, Observation générale, 15, 2002, articles 11 et 12.

3. Barone, S. et Mayaux P.L., *Les politiques de l'eau*, LGDJ, 2019 ; Le Strat, A., *Sécheresse : l'état d'urgence*, Seuil, 2023 ; Orsenna, E., *L'avenir de l'eau*, Fayard, 2008.

4. Eisenstein, M., "Fresh water from thin air", *Nature*, 14 décembre 2023.

5. Savage, N., "How to take'forever'out of forever chemicals", *Nature*, 14 décembre 2023.

6. Stern, N., *Stern Review: The economics of climate change*, Rapport, 2006.

7. Boisson de Chazournes, L., *L'eau en droit international : entre singularité et pluralité*, Fayard, 2023.

8. Beck, U., *La société du risque : sur la voie d'une autre modernité*, Aubier, 2001.

9. Pascal, B., *Pensées* (dir.) Dezobry et Magdeleine E., 1852. Pascal montre qu'une personne rationnelle a tout intérêt à croire en Dieu, que celui-ci existe ou non. Si Dieu n'existe pas, le croyant et le non-croyant ne risquent rien. En revanche, si Dieu existe, le croyant va au paradis quand le non-croyant va en enfer.

10. Dostoievski, F., *Le Joueur*, Actes Sud, 2017.

Remerciements

Je remercie Thomas Porcher, mon éditeur, pour sa confiance, son accompagnement et ses encouragements tout au long de l'écriture de ce livre. Mes remerciements vont également à Isabelle Saporta, présidente-directrice générale des éditions Fayard, pour avoir soutenu ce projet avec un fort enthousiasme et à Jean-François Dauven pour ses conseils et ses nombreux commentaires.

Merci à Lorena, Robert, Greg, David, Rémy et Sylvie pour les relectures amicales de certains chapitres du livre. Merci à Stéphane Saussier pour les remarques détaillées sur les chapitres sur la privatisation. Les éventuelles erreurs restent évidemment les miennes.

Table des matières

Partie deux : Comment en est-on arrivé là ?

Partie trois : Quelles solutions mettre en œuvre?

Composition réalisée par Belle Page

Cet ouvrage a été imprimé en France par
CPI Brodard & Taupin
Avenue Rhin et Danube
72200 La Flèche (France)

pour le compte des Éditions Fayard
13 rue du Montparnasse, 75006 Paris
en mars 2024

PAPIER CERTIFIÉ

fayard s'engage pour l'environnement en réduisant l'empreinte carbone de ses livres. Celle de cet exemplaire est de :
500 g éq. CO_2
Rendez-vous sur www.fayard-durable.fr

N° d'édition : 57-0187-6/01 - N° d'impression : 3056272